www.ingramcontent.com/pod-product-compliance
Lightning Source LLC
LaVergne TN
LVHW021303080526
838199LV00090B/5997
9789358724196

پہلی جنگِ آزادی ۱۸۵۷ء

جنگِ آزادیِ ہند کی ڈیڑھ سوویں سالگرہ پر باہتمام اقبال اکادمی، حیدرآباد میں ۲۰۰۷ء میں منعقد سیمنار کے کچھ مضامین

ترتیب : اعجاز عبید

© Taemeer Publications LLC

Pehli Jange Azadi 1857
by: Aijaz Ubaid
Edition: November '2024
Publisher :
Taemeer Publications LLC (Michigan, USA / Hyderabad, India)

ISBN 978-93-5872-419-6
9 789358 724196

مرتب یا ناشر کی پیشگی اجازت کے بغیر اس کتاب کا کوئی بھی حصہ کسی بھی شکل میں بشمول ویب سائٹ پر اَپ لوڈنگ کے لیے استعمال نہ کیا جائے۔ نیز اس کتاب پر کسی بھی قسم کے تنازع کو نمٹانے کا اختیار صرف حیدرآباد (تلنگانہ) کی عدلیہ کو ہوگا۔

© تعمیر پبلی کیشنز

کتاب	:	**پہلی جنگ آزادی ۱۸۵۷ء**
جمع وترتیب / تدوین	:	اعجاز عبید
صنف	:	تحقیق
ناشر	:	تعمیر پبلی کیشنز (حیدرآباد، انڈیا)
سالِ اشاعت	:	۲۰۲۴ء
صفحات	:	۷۲
سرورق ڈیزائن	:	تعمیر ویب ڈیزائن

فہرست

۱۸۵۷ء کی جنگ آزادی کے چند اہم پہلو 1

۱۸۵۷ء جنگِ آزادیِ ہند ۱۸۵۷ء کے متعلق ایک اہم دستاویز 14

۱۸۵۷ء اور سر سید 22

1857۔ کئی فسانے۔۔۔ایک حقیقت 28

1857ء کی خونچکاں داستاں غالب کے مکاتیب کی روشنی میں 56

بہادر شاہ کی لڑکی 63

محمد عبدالرحیم قریشی

۱۸۵۷ء کی جنگ آزادی کے چند اہم پہلو

انگریزوں کے تسلط سے ملک کو آزاد کرانے کی سرفروشانہ کوششوں کا آغاز کہاں سے ہوا اور کیسے ہوا؟ اس بارے میں کئی نقاط نظر پائے جاتے ہیں۔ اگر حضرت شاہ ولی اللہ دہلوی کی کوششوں کو شمار نہ کیا جائے کیونکہ ان کے ذہن میں دہلی کے مغلیہ تخت کو مرہٹوں کے تسلط اور اثر سے آزاد کرانے کا خیال غالب تھا اور یہی بات احمد شاہ ابدالی کو ہندوستان پر حملہ کے لئے دعوت دینے کی بڑی وجہ تھی تو یہ کہا جاسکتا ہے کہ انگریزوں کے خلاف جدوجہد اور ملک سے ان کو نکال باہر کرنے کی تحریک کا آغاز اس وقت ہوا جبکہ بنگال کے صوبیدار نواب علی وردی خاں نے جنہیں ڈاکٹر تاراچند

1

الله وردی خاں کو لکھتے ہیں 'اپنے نواسہ سراج الدولہ کو جانشین بنانے کے بعد وصیت کی تھی کہ

''مغربی قوتوں کی اس قوت کو ہمیشہ پیش نظر رکھنا جو انہیں ہندوستان میں حاصل ہے اگر میری عمر کا پیمانہ لبریز نہ ہو چکا ہوتا تو تمہارے لئے اس اندیشہ کو ہمیشہ کے لیے ختم کر دیتا۔ اس کام کی تکمیل تیرے ذمہ ہے میرے چراغ۔ دکن میں ان کی سیاسی سرگرمیوں سے سبق حاصل کرو۔ ایک ہی وقت میں تینوں قوتوں کو تباہ کرنے کی کوشش نہ کرنا۔ سب سے پہلے انگریزوں کو قوت کو توڑنا۔ سنو بیٹا۔ انہیں سپاہی رکھنے اور قلعہ تعمیر کرنے کی اجازت نہ دینا اگر ایسا ہوا تو بنگال تمہارا نہیں۔''

سراج الدولہ نے اس وصیت پر عمل کرنا شروع کر دیا تھا، مگر میر جعفر، درلبھ رام، جگت سیٹھ، امین چند اور خود سراج الدولہ کی خالہ مہر النساء (گھسیٹی بی) کی انگریزوں سے ساز باز اور غداری کے نتیجہ میں سراج الدولہ کو 1757ء میں انگریزوں سے شکست کھانی پڑی۔ اس کے وفادار سپاہی اور ولی میر مدن شہید اور راجہ موہن لال کی بہادری بھی کام نہ آئی اور انگریزوں کا راج عملاً ہندوستان کے سب سے زرخیز وسائل اور آمدنی والے صوبہ بنگال پر قائم ہو گیا جو آج کے بنگلہ دیش اور ہمارے ملک کے مغربی بنگال، آسام، بہار اور اڑیسہ پر محیط تھا۔

اس جنگ پلاسی کے بعد انگریزوں نے اپنی ریشہ دوانیوں کو اور مختلف بہانوں سے سر زمین ہند کے علاقوں کو ہتھیانے کی کوششوں کو تیز کر دیا۔ اس کے ساتھ ہی اس

بیرونی قوت کے خلاف اہل ہند کی کوششیں بھی ملک کے مختلف حصوں میں جاری رہیں۔ حکمرانوں میسور کے حیدر علی اور ٹیپو سلطان نے انگریزوں کو جنوبی ہند میں قدم جمانے سے روکے رکھا اور کئی باران کو شکستیں دیں، مگر 1799 سری رنگا پٹنم میں ٹیپو سلطان کی شہادت نے ایک طرف ملک کے ایسے حکمران کو موت کی نیند سلا دیا جنھوں نے انگریزوں کے خلاف سارے ہندوستانیوں، مرہٹوں کو، نظام کو اور دوسروں کو متحد کرنے اور ان کو آگاہ کرنے کی کوشش کی تھی کہ آپسی خلفشار کے نتیجہ میں سارا ملک اور سارے عوام انگریزوں کے غلام بن جائیں گے اور دوسری طرف جنوبی ہند میں انگریزوں کے خلاف مزاحمت ختم ہو گئی اور ان کا تسلط قائم ہو گیا۔ مرہٹوں نے کئی مرتبہ انگریزوں سے ہاتھ ملایا اور جب دو دو ہاتھ کرنے کی کوشش کی تو باجی راؤ پیشوا نے ہتھیار ڈال دئے اور ہولکر اور بھونسلے کی شکست سے مرہٹوں کی رہی سہی قوت بھی ٹوٹ گئی۔ عوامی سطح پر جنگ پلاسی کے بعد مزاحمت اور انگریزوں کے ساتھ پنجہ آزمائی کا ایک سلسلہ ملتا ہے۔ جس میں ہندو بھی ہیں اور مسلمان بھی، مسلمانوں میں علماء بھی ہیں اور عوام بھی۔ پہاڑی قبائل اور سپاہیوں کی تحریک (1733ء) فقیروں کے مجنون شاہ کی قیادت میں انگریزوں پر حملے (1776ء) یہ سلسلہ 1822ء تک جاری رہا اور فقیر مسلح ہو کر کرم شاہ، چراغ علی شاہ، مومن شاہ وغیرہ کی قیادت میں انگریزوں کے لئے درد سر بنے رہے، فرائضی تحریک جس کو حاجی شریعت اللہ نے (1781) میں شروع کیا تھا 1860 تک جاری رہی یہ بنیادی

طور پر کسانوں کی تحریک تھی جس کی بہت بڑی اکثریت مسلم کسانوں پر مشتمل تھی۔ اس سے متاثر تیتو نظام کی (1831ء) کی تحریک ہے۔ جس کو کھیت مزدوری اور چھوٹے کسانوں سے قوت ملی تھی۔ 1831 کا سال اس اعتبار سے انگریزوں کے لئے خوش آئند رہا کہ حضرت سید احمد رائے بریلوی جنھوں نے بہار سے لے کر سرحد تک مسلمانوں انگریزوں کے خلاف جہاد کا جذبہ بیدار کرنے کی کوشش کی تھی جنھوں نے ہندو راجاؤں کو انگریزوں کے خلاف اپنی تحرک سے ملانے کی کوشش کی تھی وہ بالا کوٹ کے معرکہ میں شہید ہوئے جس سے اس تحریک کو ناقابل تلافی نقصان پہنچا۔ علمائے صادق پور کی داستان سرفروشی و قربانی (۱۸۳۵ء تا ۱۸۳۵ء) بھی ناقابل فراموش ہے۔

اس عرصہ میں انگریزی فوجوں کے دیسی سپاہیوں کی بغاوت کے کئی واقعات ہوئے۔ پٹنہ (1764ء) ویلور (1808ء) بارکپور (1824ء) فیروز پور (1849ء) بارکپور (مارچ/ 1857 منگل پانڈے) ان سب مزاحمتوں کے باوجود انگریز یکے بعد دوسرے ہندوستانی کے علاقوں سے قابض ہوتے اور راج قائم کرتے رہے۔ (1800ء میں نظام نے ایک معاہدہ کے ذریعہ اپنی خود مختاری کا سودا کرلیا۔ برار کے گورنر مہی پت رام، دولت آباد، ھارود اور بدنا پور کے قلعہ داروں کی مخالفت بھی نظام حیدر آباد کو اپنی آزادی و خود مختاری سے دستبردار ہونے سے نے روک سکی۔

راجہ راؤ، رنبھا نمبالکر اور نور الامرا کو شہر بدر کر دیا گیا، شہزادہ مبارز الدولہ کی کوششوں کا چراغ 1856ء میں ان کے انتقال پر بجھ گیا۔

۱۸۵۷ء کی جنگ آزادی کی اہمیت

۱۸۵۷ء سے پہلے تقریباً سارے ملک پر انگریزوں کا عملاً تسلط قائم ہو چکا تھا۔ سندھ سے پنجاب تک، دکن سے وسط ہند تک، دہلی سے مشرق میں سارے علاقوں میں راج انگریزوں ہی کا تھا، جو بھی ہندو راجہ یا مسلم نواب تھے وہ سب انگریزوں کی بالا دستی قبول کر چکے تھے۔ اس کے باوجود ایسٹ انڈیا کمپنی کے حکومت کرنے کا حق کو ہندوستانی عوام نے تسلیم نہیں کیا تھا اور کمپنی بھی جانتی تھی کہ وہ خود حکمران ہونے کا اعلان اور دعویٰ نہیں کر سکتی، ایسا اعلان اس کے مفاد کو شدید نقصان پہنچائے گا، اس کا اصل مقصد تو زیادہ سے زیادہ محصول وصول کر کے انگلینڈ میں کمپنی کے حصہ داروں کی اور خود کی اپنی تجوریوں کو بھرا تھا، زیادہ زیادہ علاقہ پر قبضہ حاصل کرنے کا مقصد بھی پیسہ بٹورنا تھا۔ کمپنی مغل تخت سے اپنی وابستگی کا اظہار کرتی رہی اور یہ ظاہر کرتی رہی کہ دہلی کے مغل بادشاہوں سے ملے اختیارات کو وہ استعمال کر رہی ہے۔ سکوں پر مغل بادشاہوں کے نام بھی کندہ کرتی رہی۔ بلا شبہ کمپنی کے عہدیداروں کو یہ بھی

احساس تھا کہ اگر وہ خود کو ہندوستان کا حکمران قرار دیتی ہے تو ایسی بغاوت ہوگی کہ اس کا مقابلہ کرنا دشوار ہو جائے گا۔ دہلی میں مغل بادشاہ کو اپنا وظیفہ خوار بنا دینے کے باوجود وہ دہلی کو اپنی عملداری میں شامل کرنے سے گریز کرتے رہے کیونکہ وہ تخت مغلیہ سے ہندوستانیوں کی، مسلمانوں اور ہندوؤں کی وابستگی کے گہرے احساسات کو محسوس کرتے تھے۔ ہندوستانیوں میں بھی انگریزوں کو ملک سے نکال باہر کرنے کی آرزو موجود تھی۔ اسی آرزو نے اس جنگ کے لئے جذبہ ابھارا جس کو انگریز سپاہیوں کی بغاوت یا MUTINY (غدر) قرار دیتے رہے اور ہندوستانیوں کی طرف سے جس کو جنگ آزادی کا نام دیا جاتا رہا۔ پچھلی ایک صدی کے دوران ہوئی مزاحمتوں (RESISTANCES) میں ایسا نہیں ہوا کہ دہلی مرکز تباہ و برباد ہو۔ یہ تمام مزاحمتیں اور جنگیں علاقائی نوعیت رکھتی تھیں۔ اور ان سے نکلی چنگاریاں دوسرے ہندوستانیوں کے دلوں میں اُٹھ کھڑے ہوئے اور انگریزوں سے لوہا لینے کے آگ نہیں بھڑکا سکیں۔ دہلی کی حیثیت یہ تھی کہ اس کو ہندوستان کا حکمران مانا اور سمجھا جاتا تھا جو دہلی پر حکومت کرتا تھا۔ ۱۸۵۷ء کی جنگ آزادی کا مرکز دہلی تھا، انگریزوں کے خلاف ابل پڑے لاوے کی چنگاریوں نے کئی علاقوں اور کئی انگریزی چھاونیوں میں انگریزوں کے خلاف آگ بھڑکا دی۔ اس لئے اگر ۱۸۵۷ء کو ملک کو پہلی جنگ آزادی کہا جاتا ہے تو غلط نہیں ہے۔

میرٹھ چھاونی کے سپاہیوں کی بغاوت

۱۸۵۷ء کی جنگ آزادی کا نقطہ آغاز 10 / مئی کو انگریزوں کی میرٹھ چھاونی کے دیسی سپاہیوں کی بغاوت ہے۔ انہوں نے انگریز افسروں کے خلاف ہتھیار سنبھال لیئے، ان کو موت کے گھاٹ اُتار دیا اور 'چلو دلی' کے نعرے کے ساتھ دہلی روانہ ہوئے۔ دہلی پہنچ کر انہوں نے مغل بادشاہ بہادر شاہ ظفر کو اپنا اور سارے ہندوستان کا شہنشاہ قرار دیا۔ (۸۲) سالہ بہادر شاہ ظفر نے ان کو صاف گوئی کے ساتھ کہ دیا کہ ان کے پاس اسلحہ گولہ و بارود کا ذخیرہ نہیں ہے جو دیا جا سکے ان کے پاس کوئی خزانہ نہیں ہے کہ ان کو تنخواہیں دی جا سکیں اور اخراجات برداشت کیئے جا سکیں۔ میرٹھ کے ان سپاہیوں نے خود اعتمادی کا مظاہرہ کیا کہ وہ اسلحہ و گولہ بارود انگریزوں کے اسلحہ قانون پر قبضہ کر کے حاصل کرلیں گے اور اپنے اخراجات کی تکمیل کے لئے کمپنی کے خزانوں کو نشانہ بنائیں گے۔ میرٹھ کے یہ سپاہی جن کی بھاری اکثریت برہمنوں اور اعلی ذات کے ہندوؤں پر مشتمل تھی ضعیف العمر، بے فوج و سپاہ، بہادر شاہ ظفر کو جس کے پاس نہ خزانہ تھا اور نہ مال و دولت شہنشاہ ہند بنانے پر مصر رہے۔ کیوں۔؟ یہ سوال آج کے حالات میں جبکہ ہندوستان کی تاریخ کو ہندو مسلم کشمکش و آویزش کی تاریخ کے طور پر پیش کر کے فرقہ وارانہ منافرت پھیلانے اور مسلمانوں کے رول و کردار کو نفرت

انگیز انداز میں عوام اور بالخصوص نوخیز دنوجوان نسل کے سامنے رکھنے کی کوشش کی جارہی ہے بڑی اہمیت رکھتا ہے مسلمانوں کے خلاف بعض وعناد کے جذبات کو ہوا دے کر ہمارے وطن ہندوستان کو ہندو راشٹر بنانے کے لئے کوشاں اصحاب تاریخ کی حقیقتوں سے آنکھیں چرانے کی بجائے ان سے عبرت اور مستقبل کے تعمیر کے لئے بصیرتیں حاصل کریں۔ انگریزوں کی فوجی چھاونیوں میں جن سپاہیوں نے بغاوت کی ان میں برہمنوں کی تعداد اتنی تھی کہ گورنر جنرل لارڈ کیننگ اور دوسرے افسر یہ سمجھتے تھے کہ یہ آگ برہمنوں کی بھڑکائی ہوئی ہے۔

Canning ..... wrote to the Secretary of state for India that he had no doubt that the 'rebellion' had been fomented by Brahmans on religious pretenses and by others for political motives' (Kaye and Malleson, History of Indian Mutiny, vol I (P 452-53)

ان سب نے بہادر شاہ ظفر کو ہندوستان کا شہنشاہ اس لئے گردانا مغل تخت کے وارث اور بابر کے جانشین ہی کو ہندوستان کے عوام چاہے ہندو ہوں کہ مسلمان قبول کرسکتے تھے، کسی اور کو اس حیثیت میں قبول نہیں کیا جاسکتا تھا۔ ظاہر ہے کہ یہ اس لئے تھا کہ مغلوں نے عدل وانصاف کے ساتھ حکومت کی تھی، مذہب کے کسی فرق کے بغیر رعایا کی عام بھلائی کو پیش نظر رکھا جاتا، مغلوں کے دور حکومت میں ہندوستان کو سونے کی چڑیا کہا جانے لگا اور اس خوشحالی کے دور سے سب کو فائدہ پہنچا

اور سب نے استفادہ کیا اس لیے ہندو مغلوں کے دست بازو بن گئے، اورنگ زیب نے جن فوجوں کو شیواجی کے خلاف روانہ کیا ان کے سپہ سالار ہندو راجپوت تھے۔ تاریخ کی یہ حقیقتیں، اس دور کی حقیقی کہانی بیان کرتی ہیں اور مغلوں کے ہندوؤں پر ظلم و ستم کی گھڑی ہوئی کہانیوں کے جھوٹ کو واضح کرتی ہے۔ ورنہ یہ ہو ہی نہیں سکتا تھا کہ ہتھیاروں سے لیس ہندو سپاہی دہلی پر قبضہ کرلیں اور بابر کے وارث مغل تاجدار کی شہنشاہیت کو مضبوط بنانے کے لیے سر دھڑ کی بازی لگائیں۔

ہندوؤں اور مسلمانوں کی مشترکہ جد وجہد

یوں تو جنگ پلاسی (۱۷۵۷ء) ہی سے انگریزوں کے خلاف جنگوں، لڑائیوں اور چھاپہ مار کارروائیوں میں ہندو اور مسلمان ایک دوسرے کے ساتھ کاندھے سے کاندھا ملائے کھڑے نظر آتے ہیں، چاہے جنگ ہو یا تحریک، مسلمان نے شروع کی ہو کہ ہندو نے۔ آج اس پہلو کو واضح کرنے اور ابھارنے کی ضرورت ہے۔ اس پہلو کو اس بری طرح نظر انداز کر دیا گیا ہے کہ ان دونوں ہندوستانی فرقوں کے درمیان اشتراک و اتحاد نظروں سے غائب ہو گیا ہے۔ سراج الدولہ کے ساتھ ان کے وفادار سپہ سالار موہن لال کشمیری اور ان کی ہند فوج کا بہت کم ذکر ملتا ہے۔ ٹیپو سلطان کے ساتھ وفاداری کے ساتھ لڑنے والوں میں ہندو فوجی عہدیدار حتیٰ کہ چند مرہٹہ سردار، مرہٹہ سپاہیوں

کے ساتھ شامل تھے۔ ٹیپو سلطان شہید کا جب جنازہ اٹھایا گیا تو راستوں پر ہندو عورتیں آ کر ماتم و سینہ کوبی کرنے لگیں، جس سے ان کے ہندوؤں میں بھی مقبول ہونے کا ثبوت ملتا ہے۔ ان واقعات کو نظر انداز کرنے کے بجائے واضح طور پر پیش کیا جائے تاکہ ملک میں دونوں فرقوں کے درمیان اعتماد اور بھروسہ کی کیفیت، جس کو ختم کرنے کی کوشش کی جا رہی ہے، مضبوط ہو۔

۱۸۵۷ء کی جدوجہد میں یہ پہلو بہت نمایاں نظر آتا ہے، میرٹھ کے ہندو سپاہیوں کا ساتھ دہلی کے مسلمانوں نے دیا اور ان کی ایک بڑی تعداد انگریزوں کے خلاف اٹھ کھڑی ہوئی۔ نانا صاحب پیشوا کے کارناموں کا ذکر عظیم اللہ خان کی کوششوں کے تذکرہ کے بغیر نامکمل رہے گا۔ جھانسی کی رانی لکشمی بائی کی سرفروشی کی داستان ان کے مسلمان سرداران فوج و توپچیوں کی داستان سرفروشی بھی ہے۔ تاتیا ٹوپے نے جن کا اصل نام رامچندر پانڈورنگ تھا، مرہٹوں کی چھاپہ مار لڑائیوں میں مہارت کی یادگار تازہ کر دی، انگریزوں کے خلاف بغاوت کی آگ بھڑکانا، ان کی چھاونیوں اور فوجی مقامات پر اچانک حملہ کرنا اور پھر برق رفتاری کے ساتھ دوسرے مقام کو روانہ ہو جانا اور دو بدو لڑائی سے بچنے کی کوشش کرنا یہ ان کی حکمت عملی رہی ہے۔ انہوں نے انگریزوں کی بھاری افواج کی وسطی ہند اور راجپوتانہ مسلسل پریشان کیا۔ فیروز شاہ نے منڈاسور میں اپنا جھنڈا بلند کیا اور انہوں نے بھی وسطی ہند میں انگریزی فوج کو مصروف پیکار رکھا، پھر رہیل کھنڈ اور اودھ میں نمودار ہوئے اور بالآخر راجپوتانہ پہنچے اور تاتیا

ٹوپے کے ساتھ مل گئے۔ ان دونوں کی چھاپہ مار کاروائیوں کو تاتیا ٹوپے کے بے وفا ساتھیوں کی غداری سے نقصان پہنچا۔ ۱۸۵۷ء کے بارے میں ڈاکٹر تاراچند کا یہ بھی حقیقت افروز ہے :

ہندوستان کی صورتحال کے بحیثیت مجموعی جائزہ سے اس بات میں کوئی شک وشبہ نہیں رہتا کہ اس میں (۱۸۵۷ء کی جنگ آزادی میں) سپاہی اور عوام، دونوں شریک تھے اور دونوں نے مل کر بیرونی حکمرانوں کا تختہ اٹھنے کی کوشش کی۔ عام خیال کے برعکس اور حکمرانوں کی امیدوں اور توقعات کے خلاف مسلمانوں اور ہندوؤں نے مل کر جنگ کی۔ اگرچہ کہ بعض مقامات پر بعض فرقہ وارانہ اختلافات تھے تاہم بحیثیت مجموعی دونوں کاندھے سے کاندھا ملا کر لڑے اور ایک دوسرے کی بھرپور مدد کی۔ بہادر شاہ نے بقر عید کے موقع پر دہلی میں گائے کی قربانی پر پابندی لگادی اور خان بہادر خان نے روہیل کھنڈ کے مسلمانوں کے خلاف ہندوؤں کو بھڑکانے کی انگریزوں کی کوششوں کو ناکام بنا دیا۔ (انگریزوں سے) باغی لیڈروں کی بڑی تعداد نے بہادر شاہ کو جائز طور پر ہندوستان کا شہنشاہ تسلیم کیا۔۔۔ جہاں جہاد یا مقدس جنگ کا اعلان کیا گیا وہاں بطور خاص بتا دیا گیا یہ عیسائی حکمرانوں کے خلاف ہے، (ڈاکٹر تارا چند، ہندوستان میں سپاہیوں کی تحریک آزادی کی تاریخ (انگریزی) حکومت ہند (حکومت معتمد، باردوم ۱۹۹۲ء جلد ۲، صفحات ۶۹، ۹۷)

مسلمان، انگریزوں کے غیض و غضب کا نشانہ

۱۸۷۵ء کی جدوجہد آزادی پر بالآخر انگریزوں نے قابو پا لیا۔ دہلی میں ستمبر کے مہینہ میں انگریزی فوجیں داخل ہو گئیں ملک کے دوسرے علاقوں میں بھی انگریزوں نے کامیابی حاصل کی۔ یہ لڑائی تو دونوں نے ہندوؤں اور مسلمانوں نے شروع کی اور دونوں ہی انگریزوں سے لڑتے رہے مگر انگریزوں نے اپنے سفاکانہ اور غارت گردانہ جذبہ انتقام کا نشانہ صرف مسلمانوں کو بنایا۔ سارا دہلی مسلمانوں سے خالی کرا دیا گیا، جن خاندانوں کے افراد نے اگر لڑائی میں کچھ بھی حصہ لیا تھا اور انگریزوں کے خلاف کوئی ہلکی سی کاروائی بھی کی تو ان کی حویلیاں اور گھر کھدوا دیئے گئے۔ ان کی جائیدادیں ضبط کرلی گئیں۔ ان کو پھانسیوں پر لٹکایا گیا۔ جلاوطن کر دیا گیا، طرح طرح کے ظلم توڑے گئے، اس سلسلہ میں سر لیال (Lyall) کا یہ اعتراف قابل ذکر ہے

:

انگریز خوفناک طریقہ پر مسلمانوں کو اپنا حقیقی دشمن جان کر ان پر پلٹ پڑے ان کو خطرناک رقیب سمجھا اس لیے بغاوت (۱۸۵۷ء) کا ناکامی کا نتیجہ ان کے (مسلمانوں کے) لیے ہندوؤں کی بہ نسبت زیادہ تباہ کن نکلا۔ مسلمانوں نے ہندوؤں پر برتری کا

باقی ماندہ وقار بھی تقریباً کھو دیا۔ اس وقت سے وہ بیرونی حکمرانوں کے لیے قابل بھروسہ نہ رہے اور اس دور سے شہری (Civil) اور فوجی خدمات کے اعلیٰ و کم تر عہدوں میں ان کی عددی اکثریت گھٹنے لگی۔ (سر الفریڈ، سر لیال ۱۸۸۴ء)

۱۸۵۷ء کے بعد لارڈ میو (Mayo) کے گورنر جنرل بننے تک ہندوؤں پر برطانوی حکومت، مسلمانوں کے خلاف اور ان کے برعکس بڑی مہربان رہی اور ہندو نوازی حکومت کی پالیسی بن گئی۔ ۱۸۵۷ء کے واقعات میں ہندوؤں کے رول اور انگریزوں کے خلاف ان کو بغاوتوں کو نظر انداز کر دیا گیا۔ یہ قصور ان کا معاف کر دیا گیا۔ مسلمانوں کو ہر اعتبار سے پیچھے ڈھکیلنے، ان کو مفلس و قلاش بنانے اور ہندوستانی سماج میں ان کو بے وقار بنانے کی ہر ممکن کوشش کی گئی۔ انگریزوں نے ۱۸۵۷ء کے بعد پھوٹ ڈالو اور حکومت کرو، کی اس پالیسی پر تیزی کے ساتھ انگریزوں نے عمل کرنا شروع کر دیا۔ ۱۸۵۷ء کی جدوجہد کے دوران مسلمانوں نے سرفروشی کی تاریخ بنائی اور اس کے بعد انگریزوں نے ان ہی کا سب سے زیادہ خون بہایا، ان کو پھانسیوں پر لٹکایا، ان کی بستیاں اجاڑ دیں، جائیدادیں ضبط کر لیں۔ سارا غصہ مسلمانوں پر اتارا، ان کی ان قربانیوں کا مطالعہ بھی، جس پر توجہ نہیں دی گئی، اہمیت رکھتا ہے۔

***

ہارون خان شروانی

جنگِ آزادیِ ہند ۱۸۵۷ء کے متعلق ایک اہم دستاویز

حقیقت یہ ہے کہ اس جنگ کی تاریخ پر انگریزی حکومت نے کچھ ایسا پردہ ڈالا کہ اس کی صورت مسخ ہو کر رہ گئی، اور جو سختیاں اور مظالم اس زمانے کے حکام نے نہتے ہندوستانیوں پر کیے ان کی وجہ سے وہ کچھ ایسے مرعوب ہو کر رہ گئے کہ ان کے خلاف آواز بلند کرنا تو کیا ان کا ذکر کرنا بھی ناممکن ہو گیا۔ یہ مرعوبیت فطری تھی۔ اتر بھارت کا کون سا ایسا شہر یا قصبہ ہو گا۔ جہاں جگہ جگہ نیم اور پیپل کے درختوں پر پھانسیاں نہ لٹکا دی گئی ہوں اور جہاں محض شبہ پر یا جھوٹے سچے لزام پر لوگوں کو موت کے گھاٹ نہ اتارا گیا ہو۔ بعض قصبوں میں تو اس وقت تک وہ درخت دکھائے جاتے ہیں جہاں لوگوں کو پھانسیاں دی گئی تھیں۔ دہلی میں وہ خونی دروازہ جواب تک اسی نام سے

موسوم ہے آج بھی اس سانحے کی یاد تازہ کرتا ہے۔ جب ہوڈسن نے تیموری سلطنت کے ولی عہد مرزا مغل بیگ اور ان کے دو بھائیوں کو محض شبہ پر یکے بعد دیگرے گولی کا نشانہ بنایا اور ان کے کٹے ہوئے سروں کو ایک خوان میں خوان پوش سے ڈھک کر اکبر اور عالمگیر کے جانشین بوڑھے، بہادر شاہ، کے سامنے بطور تحفہ بھجوایا، اور چند روز بعد حکومت نے خود اس پیر مرد کو رنگون جلاوطن کر دیا جہاں وہ نہایت غربت اور افلاس کی حالت میں وفات پا گئے۔

یہ وہ فضا تھی جو نام نہاد غدر کے بعد پورے ملک پر چھائی ہوئی تھی۔ ملک کے ایسے صوبوں اور ریاستوں میں جہاں کی فوج نے بغاوت نہیں کی تھی۔ جیسے جنوبی ہند، وہاں بھی سرکشی اور بغاوت نہیں کی تھی۔ جیسے جنوبی ہند، وہاں بھی سرکشی اور بغاوت کے آثار نہایت تندہی اور توانائی کے ساتھ پیدا ہو گئے تھے۔ ایک سماج، ایک معاشرہ، ختم ہو رہا تھا تو دوسرا اپنے لیے توپ و تفنگ کے زور سے جگہ پیدا کر رہا تھا اور موجودہ سماج ہر جگہ اس کا مقابلہ کر رہا تھا۔ بہت سے ایسے باثروت لوگ تھے جنھوں نے بغاوت فرو ہونے کے بعد ایک غیر قوم کے ماتحت رہنا پسند نہیں کیا اور اپنے گھروں کو خیر باد کہہ گئے۔ انگریزوں نے ہندوستان کی حکومت تیموری خاندان کے ایک فرمانروا سے چھینی تھی جس کے باوٗٹے کے نیچے کیا ہندو کیا مسلمان سب جمع ہو گئے تھے۔ مگر اس کا مذہب اسلام تھا، اور انگریزوں کے دماغوں میں مسلمانوں کے خلاف خاص طور پر کچھ ایسا زہر بھر گیا تھاہ ہر کلمہ گو کہ مشتبہ نظروں سے دیکھا جاتا تھا

اور ذرا سی بات اس کی گردن میں پھانسی کا پھندا ڈال دیا جاتا تھا۔ ایسی مثالیں ملتی ہیں کہ کسی عیسائی کو نصاریٰ کہنے پر یا کسی کے یہاں سے کوئی بندوق یا تفنگچہ نکلنے پر پھانسی کی سزا ملی ہو۔

علی گڑھ تحریک کے بانی سید احمد خان نے اسی فضا میں رسالہ اسباب بغاوت ہند، لکھا۔ ملک پر انگریزوں کا دوبارہ تسلط ہو گیا تھا اور وہ دل کھول کر ہر کس و ناکس سے پچھلے واقعات کا بدلہ لے رہے تھے۔ ان کے خلاف یا ان کی کسی پالیسی کی تنقید میں ایک لفظ بھی منہ سے یا قلم سے نکالنا خطرے سے خالی نہیں تھا۔ جب سید احمد خان نے یہ کتاب اپنے دوستوں کو دکھائی تو ان میں سے بعض نے (جن میں سے ایک رام چند منصف مراد آباد بھی تھے) ان سے کہا کہ تم آگ سے کھیل رہے ہو اور مناسب ہے کہ اسے چھپوانے کے خیال سے باز آؤ۔ مگر سید نے ایک نہ مان۔ اور اس کا ایک نسخہ لارڈ کیننگ گورنر جنرل ہند کو اور ایک نسخہ پارلیمنٹ کے ممبروں کے پاس بھیج دیا۔ گو اس کی اشاعت محض خانگی تھی اور انگریزی میں اس کا ترجمہ ۱۸۷۳ء سے پہلے نہیں کیا گیا۔ تاہم سرکاری حلقوں میں اس کی بڑی شہرت ہوئی اور وائسرائے کی کونسل کے ممبر سر سیل بیڈن (Sir Cecil Beadon) نے کونسل میں ایک زبردست تقریر کی جس میں انہوں نے کہا کہ سید سے اس کتاب کے متعلق حکومت باضابطہ باز پرس کرے اور اگر انہیں خاطی قرار دیا جائے تو انہیں کیفر کردار کو پہنچایا جائے۔ حقیقت یہ

ہے کہ اگر خود وائسرائے نے سید احمد خان کو حق پسندی کی تائید نہ کی ہوتی تو ممکن ہے کہ سید احمد خان سخت سے سخت سزا کے مستوجب قرار دیئے جاتے۔

رسالہ ''اسباب بغاوت ہند'' کیا ہے۔، برطانوی حکومت کی پالیسی پر ایک عام تبصرہ اور نکتہ چینی۔ اس میں ان الزاموں کا ضرور بطور خاص جواب دیا گیا ہے جو انگلستان کے اخبار اور انگریزی پبلک ہندی مسلمانوں پر لگا رہی تھی۔ لیکن جو جذبہ پورے رسالے میں کارفرما ہے وہ یہ ہے کہ تاوقتیکہ کوئی ایسا طریقہ نہ نکلے کہ ہندوستانیوں کے حقیقی خیالات و جذبات سرکار کے کانوں تک پہنچیں اس وقت تک ملک کے سوچنے سمجھنے والے طبقے میں لازماً بے چینی پیدا ہوگی اور اس کی آگ ضرور بھڑک اٹھے گی۔

اس وقت تک ۱۸۵۷ء کی عظیم الشان اور ہمہ گیر تحریک کے لیے غدر کا نام اختراع نہیں کیا گیا تھا بلکہ جو لوگ اس بھونچال میں ہو کر گزرے تھے وہ اسے سرکشی یا بغاوت ہی کہتے تھے۔ وہ زمانہ نہیں آیا تھا کہ اس تحریک کو محض چند فوجیوں کے غدر پر محمول کیا جائے۔ سید احمد خاں پہلے تو یہ دریافت کرتے ہیں کہ سرکشی یا بغاوت کیا ہے اور پھر خود ہی جواب دیتے ہیں کہ اس سے مراد گورنمنٹ کا مقابلہ کرنا یا مخالفوں کے شریک ہونا، یا مخالفانہ ارادے سے حکم نہ ماننا اور نہ بجا لانا یا نڈر ہو کر حکومت کے حقوق اور حدود کو توڑنا اس کے بعد وہ سرکشی کی شکل بتاتے ہوئے کہتے ہیں کہ ''عام سرکشی کا باعث کوئی ایسی عام بات ہو سکتی ہے کہ جو سب کی طبیعتوں کے مخالف ہو یا متعدد

باتیں ہوں یا کسی نے کسی گروہ کی طبیعت کو پھیر دیا ہو اور پھر رفتہ رفتہ سرکشی عام ہو گئی ہو۔''

جن واقعات کی ۱۰/ مئی ۱۸۵۷ء سے ابتداء ہوئی ان کے اسباب کا تجزیہ کرتے ہوئے لکھتے ہیں کہ ''بلاشبہ (انگریزی) پارلیمنٹ میں ہندوستانی کی مداخلت غیر ممکن اور بے فائدہ محض تھی۔ مگر لیجسلیٹیو کونسل میں مداخلت نہ رکھنے کی کوئی وجہ نہ تھی۔ یہی ایک بات ہے جو جڑ ہے تمام ہندوستان کے فساد کی اور جتنی باتیں جمع ہوتی گئیں وہ سب اس کی شاخیں ہیں۔ وہ اپنے مخصوص انداز میں ۱۸۵۸ء کی رائج الوقت زبان میں لکھتے ہیں کہ ''واسطے اسلوبی اور خوبی اور پائیداری گورنمنٹ کے مداخلت رعایا کی ملک میں واجبات سے ہے۔ علی الخصوص ہماری حکومت کو جو غیر ملک کی رہنے والی تھی اور مذہب اور رواج اور راہ و رسم اس ملک سے مختلف تھے۔''

آج کے زمانے میں جب سیاسیات کا علم نہایت تیزی سے ہمارے ملک میں پھیل رہا ہے اور اعلیٰ و ادنیٰ نسب دو عظیم الشان انتخابوں سے دوچار ہو چکے ہیں اور جب خود ہماری سرکار کی پالیسی یہ ہے کہ ملک کی بہبود عام رائے کی مطابقت ہی میں مضمر ہے، ہمیں ان خیالات سے کچھ زیادہ اچنبھا نہیں ہوتا۔ مگر ہم اپنے آپ کو ۱۸۷۵ء کی فضاء میں لے جائیں اور سوچیں کہ یہ اور اس طرح کی بیسیوں باتیں ایک ایسے سرکاری ملازم کے قلم سے نکلی ہیں جو انگریزی زان سے بالکل نابلد ہے اور جس کے ہم مذہبوں سے اس زمانے کی بدیشی حکومت انتہا سے زیادہ بدظن ہے تو ہمیں اس چالیس

سالہ ادھیڑ شخص کی فراست اور دور اندیشی کا اندازہ ہوگا۔ سید احمد خان نے حکومت کی گویا دکھتی رگ پکڑلی تھی اور اس ملک میں پہلی مرتبہ یہ اصول پیش کیا تھا کہ اگر ملک پر حکومت کرنا ہے تو سرکار کو لازم ہے کہ رعایا کے قائم مقاموں کو حکومتی کونسل میں جگہ دے۔ یہ محض اتفاقی واقعہ نہیں کہ رعایا کے قائم مقاموں کو حکومتی کونسل میں جگہ دے۔ یہ محض اتفاقی واقعہ نہیں کہ اس رسالے کے چھپنے سے صرف تین سال کے اندر برطانوی پارلیمنٹ نے ۱۸۶۱ء کا انڈین کونسلز ایکٹ منظور کیا جس کے ذریعہ سے گویا حکومتی مندر کا دروازہ سیاسی اچھوتوں کے لیے کھل گیا۔ محض تین چار غیر سرکاری ہندوستانیوں کی وائسرائے کی کونسل میں نامزدگی ہمیں مضحکہ خیز معلوم ہوتی ہے۔ مگر یہ تبدیلی آئندہ کے عظیم الشان انقلاب کی حامل تھی۔ سید احمد خان ہندوستانیوں کو انگریزی اعلیٰ حکام کے دوش بدوش دیکھنے سے بہت مسرور ہوتے ہیں اور وکٹوریہ اسکول غازی پور کے افتتاحی جلسے کے موقع پر اس زمانے کے اعتبار سے یہ عجیب و غریب بات کہہ جاتے ہیں :

''چند ہندوستانیوں کا لیجسلیٹیو کونسل میں داخل ہونا ہندوستانیوں کی ترقی کا فروغ ہے۔ میری اس پیشین گوئی کو یاد رکھو کہ وہ دن دور نہیں کہ ہر ضلع میں سے ایک شخص کا کونسل میں داخل ہونا ضروری ہوگا۔ وہ دن آوے گا کہ تم خود قانون بناؤ گے اور خود ہی اس پر عمل کرو گے۔ ۔ ۔ صرف ایک چیز چاہیے، یعنی تربیت و لیاقت۔ پس تم

دیکھو گے کہ ہندوستانیوں کو علوم و فنون اور تربیت اور لیاقت کی کس قدر ضرورت ہے۔"

ہر شخص جس نے ہندوستان کی آزادی کی تاریخ سر سری طور پر بھی دیکھی ہے وہ اس سے واقف ہو گا کہ انڈین نیشنل کانگریس کے بانیوں میں ایلن آکٹے وین ہوم (Allan Octavian Hunme) کا کتنا اونچا رتبہ ہے بلکہ بہت سوں کا تو یہ خیال ہے کہ وہ اس کے گویا بانی مبانی تھے۔ ہیوم نے صاحبزادہ آفتاب احمد خان سے (جو کئی سال بعد وزیر ہند کی کونسل کے ممبر ہوئے) ۱۸۸۷ء میں کہا تھا کہ سب سے پہلی چیز جس نے نیشنل کانگریس کی قسم کی تحریک کے جاری کرنے کا خیال میرے دل میں پیدا کیا وہ سر سید کی کتاب "اسباب بغاوت ہند" تھی ہم میں سے بہت سے ایسے ہوں گے جنھوں نے اس رسالے کا نام بھی بڑی مشکل سے سنا ہو گا اور بہت سے ایسے بھی ہوں گے جنھوں نے سید کی تعلیمات کو مسخ شدہ صورت میں دیکھا ہو گا۔ مگر ان کا رسالہ {{اسبابِ بغاوت ہند" اس اعتبار سے خاص توجہ اور فکر کا محتاج ہے کہ وہ ایک نہایت خطرناک ماحول میں لکھا گیا اور اس میں بعض اس قسم کے خیالات کا اظہار کیا گیا ہے جو اس زمانے کے بہت سے ہندوستانیوں کی سوجھ بوجھ سے بالاتر تھے گو رسالے کا حجم صرف ستر صفحے کا ہے۔ لیکن اس کا اثر نہ صرف حکومت ہند پر بلکہ عام رائے پر بھی پڑا۔ اگر یہ کہا جائے کہ اس کی وجہ سے ہندوستان کی تاریخ کا ایک ورق

پلٹ گیا تو مبالغہ آمیزی نہ ہوگی اور ہندوستان کی آزادی کی تاریخ میں اس رسالہ اور اس مصنف سید احمد خان کا جو مقام ہے اسے کسی طرح سے نظر انداز نہیں کیا جا سکتا۔

***

محمد ضیاء الدین نیر

۱۸۵۷ء اور سر سید

۱۸۵۷ء کے ہنگامہ کے وقت سر سید بجنور کے سب جج تھے۔ جہاں انہوں نے کئی انگریز مردوں اور عورتوں کی جانیں بچائیں۔ بجنور کے ہندوؤں اور مسلمانوں کی درخواست پر ہنگامے کے وقت انگریزوں نے انہیں ضلع کا حاکم مقرر کیا۔ مگر وہ ابھی انتظامی مسائل کو سلجھانے بھی نہ پائے تھے کہ ہنگامہ کا ریلا آگیا۔ جس میں خود ان کی جان خطرے میں پڑ گئی۔ بڑی مشکل سے بدن کے کپڑوں سے میرٹھ پہنچے اور بیمار ہو گئے۔ خاندان دہلی میں تھا۔ خاندان کے بیشتر افراد تو مارے گئے اور بہت سے دلی سے نکل گئے۔ سر سید کی والدہ اور خالہ اپنے ایک قدیم ملازم کے گھر میں پناہ گزیں تھیں۔ سر سید بڑی مشکل سے انہیں میرٹھ لے آئے۔ مگر والدہ صدموں کی تاب نہ لا سکیں اور میرٹھ اور مسلمانوں کی تباہی نے سر سید کو اس قدر غمزدہ اور بد دل کر دیا کہ وہ ہندوستان کو ہمیشہ کے لیئے چھوڑ دیتے اور ہجرت کے منصوبہ بناتے مگر پھر خیال آیا

کہ اہل وطن کا ایسی حالت میں ساتھ نہ دینا خود غرضی ہوگی۔ بجنور میں سر سید نے انگریزوں کی جان بچانے کے سلسلہ میں جو نمایاں کام انجام دیا تھا اس کے صلہ میں حکومت نے تعلقہ جہاں آباد جس کی آمدنی تقریباً ایک لاکھ ماہانہ تھی انہیں بطور جاگیر دینا چاہا مگر سر سید نے یہ انعام قبول کرنے سے انکار کر دیا۔ انگریزی حکومت نے انہیں ترقی دے کر مراد آباد کا صدر الصدور مقرر کیا۔

ایک عرصہ تک انگریزی حکومت کی ملازمت نے سر سید کو انگریز حکام کے مزاج اور رجحان سے بخوبی واقف کر دیا تھا۔ اصل وطن اور بالخصوص مسلمان کے جذبات اور خیالات کا بھی پورا علم تھا اور وہ ہر وقت اس فکر میں رہتے تھے کہ دونوں فریقوں کی ذہنیتوں کے اس فرق کو مٹائیں تاکہ مسلمانوں کے لیے عزت اور امن کی زندگی ممکن ہو سکے۔ غرض ملک کے حالات کا پوری سنجیدگی اور ٹھنڈے دماغ سے جائزہ لینے کے بعد انہوں نے اپنی راہ متعین کر لی۔

سر سید کی تصنیف "اسباب بغاوت ہند" کو بجا طور پر ان کا پہلا عظیم کارنامہ کہا جا سکتا ہے۔ اس کتاب میں سر سید نے نہایت مدلل، معقول اور غیر جذباتی انداز میں انگریز حکمرانوں کی غلط پالیسیوں کا تجربہ پیش کیا۔ صاف صاف بتلایا کہ انگریزوں نے ہندوستانیوں اور خصوصاً مسلمانوں کے جذبات اور احساسات کو سمجھنے میں کہاں کہاں غلطیاں کیں اور ایسے قانون بنائے جو ان کے لیے کسی طرح قابل قبول نہ تھے۔ حاکموں نے اپنے مسلم ماتحتوں اور محکوموں کے ساتھ کیسا غیر ہمدردانہ اور غیر انسانی

رویہ اختیار کیا اور ناقابل تردید دلیلوں سے ثابت کر دیا کہ مسلمانوں کو حکومت کا باغی سمجھنا انگریزوں کی کھلی ناانصافی اور غلط فیصلے کا نتیجہ ہے۔

آج کے دور میں حکومت پر تنقید کرنا اور حکمرانوں کی غلطیاں گنانا بہت آسان بات ہے۔ مگر اس زمانہ میں یہ کام اپنی موت کو دعوت دینے کے مترادف تھا۔ سر سید نے عواقب اور نتائج کی پرواہ کئے بغیر یہ کام کر دکھایا۔ صرف ان کا خلوص اور صداقت پسندی تھی جو انہوں نے جوکھم مول لیا۔ سر سید سچے دل سے چاہتے تھے کہ انگریز حکام صداقت کے آئینہ میں اپنا چہرہ دیکھیں اس کتاب کی تصنیف سے ان کا مقصد کوئی ہنگامہ آرائی نہیں تھا۔ اسی لیئے انہوں نے اس کتاب کی عام اشاعت نہ کی اور اس کی چند جلدیں چھپوا کر صرف ہندوستان اور انگلستان کے اعلیٰ انگریز عہدیداروں میں تقسیم کیں۔ اس کتاب کا رد عمل مختلف لوگوں پر مختلف رہا۔ انگلستان کے انگریز جو ہندوستان کے حالات سے بالکل ہی بے بہرہ تھے اس پر بڑے چراغ پا ہوئے۔ چنانچہ برطانوی وزیر خارجہ مسٹر سیل بیڈن نے اسے ایک بہت ہی باغیانہ تصنیف قرار دیتے ہوئے حکومت سے سفارش کی کہ مصنف کو سخت سزا دی جائے۔ مگر ہندوستان اور انگلستان کے انصاف پسند انگریزوں نے سر سید کی دلیلوں کو تسلیم کیا اور اس حقیقت سے کوئی انکار نہیں کر سکتا کہ ہندوستان مسلمانوں کے بارے میں انگریز حکام کے رویہ میں جو تبدیلیاں ہوئیں ان کی وجہ سے سر سید کی یہ تصنیف تھی۔

سر سید نے اپنی آنکھوں سے اس تباہی کا مشاہدہ کیا تھا۔ 1857ء کے انقلاب کے بعد مسلمانوں پر آئی۔ مصیبتوں کے پہاڑ تھے کہ ان کے سروں پر ٹوٹ پڑے تھے۔ انگریز مسلمانوں کو ہی اصلی مجرم تصور کرتا تھا۔ انہیں سے اس نے حکومت چھینی تھی۔ انگریزوں میں مسلمانوں کے مذہبی تعصب کی بھی شہرت تھی پھر 1857ء کے ڈرامہ میں بہادر شاہ کی مرکزی حیثیت نے انگریزی کے اس خیال کو اور بھی تقویت بخشی تھی کہ مسلمان اپنا کھویا ہوا اقتدار دوبارہ حاصل کرنے پر تلے ہوئے ہیں۔ مسلمانوں کو کچلنا انگریزی حکمت عملی کا لازمی جز بن گیا۔ سر سید کو یہ فکر دامن گیر ہوئی کہ کس طرح انگریز کے اس خیال اور رویہ کو بدلنے کی سعی کرنی چاہیے۔ ان کا خیال تھا کہ اگر صحیح صحیح واقعات حکومت کے سامنے رکھ دیئے جائیں اور ان اسباب کی طرف حکومت کو توجہ دلائی جائے جن سے 1857ء کے واقعات رونما ہوئے تو یہ ایک بڑی قومی خدمت ہوگی مگر یہ کام آسان نہ تھا۔ حالیؔ کے الفاظ میں "زمانہ نہایت نازک تھا۔ خیالات ظاہر کرنے کی آزادی مطلق نہ تھی۔ مارشل لاء کا دور دورہ تھا اور حاکموں کی زبان ہی قانون تھی۔" مگر سر سید ایک با ہمت انسان تھے۔ انہوں نے خطرات کی پرواہ نہ کی۔

سر سید کے خیال کے مطابق ان واقعات کا بنیادی سبب یہ تھا کہ حکومت رعایا کے حال سے واقف نہ تھی۔ نہ اسے ان کے احساسات کا پتہ تھا اور نہ ان کی تکالیف کا علم۔ حکومت کے مشوروں میں کوئی ہندوستانی شریک نہ کیا جاتا تھا۔ پھر حکومت نے

بعض ایسی غلطیاں کیں جن کا خمیازہ مسلمانوں کو بھگتنا پڑا۔ اس میں سر سید نے فوج کی بد انتظامی اور بے اہتمامی کا خاص طور پر ذکر کیا ہے۔ عیسائی مبلغوں نے جس جوش و خروش سے اپنا کام ہندوستان میں جاری کیا اس نے بہت بددلی پیدا کی۔ حکومت نے ان کی مدد اپنا فرض سمجھا اور مبلغوں نے حکومت کی مشنری کو اپنے خیالات کی ترویج کے لیے استعمال کیا۔ ممکن نہ تھا کہ اس سے بے اطمینانی اور بے چینی نہ پھیلے۔ سر سید نے انگریزوں کی سختی اور ملازمتوں میں مسلمانوں کے تناسب کی کمی پر خصوصیت سے روشنی ڈالی ہے۔ معاشی حالات کا بھی تفصیل سے ذکر کیا ہے۔ زمینداریوں کے نیلام اور بندوبست نے بے چینی پھیلانے میں مدد دی۔ سر سید نے ہندوستانیوں کی توہین، حکام کی سخت مزاجی اور بدزبانی اور حاکم و محکوم میں محبت کے فقدان کا ذکر کرتے ہیں اور شکایت کرتے ہیں کہ باوجود ایک سو سالہ تعلق کے انگریزوں اور ہندوستان کے باشندوں میں کوئی رابطہ پیدا نہ ہو سکا۔ جو سلوک میرٹھ میں سپاہیوں کے ساتھ روا رکھا گیا اس پر بھی سر سید نے نکتہ چینی کی۔ ان کے خیال میں میرٹھ میں ضرورت سے زیادہ سختی اور اس سے دوسرے سپاہیوں میں بدگمانی پھیلنے اور نازک حالات پیدا ہونے پر سیر حاصل بحث کی ہے۔ اور مسلمانوں کی طرف سے انگریزوں کے دلوں میں جو خیال بیٹھ چکا تھا اس کی تردید کی ہے۔ انہوں نے انگریزوں کو اس بات کی دعوت دی کہ بجائے اس تشدد کی پالیسی کے جو انہوں نے اختیار کر رکھی تھی وہ بے چینی کے اسباب کو دور کریں۔ اس میں ان بھی بھلا ہوگا اور ہندوستان کا بھی۔

انگریزوں نے اس رسالہ سے بہت کچھ سیکھا اور قانون ساز کونسل میں جس کی تشکیل اس کے شائع ہونے کے کچھ ہی دن بعد ہوئی ہندوستانیوں کو پہلی مرتبہ شامل ہونے کا موقع دیا گیا۔ ۱۸۵۷ء کے بعد سر سید اس نتیجہ پر پہنچے کہ مسلمان جن خطرات اور خدشات سے دوچار ہیں وہ بہ تفصیل ذیل ہیں۔

۱۔ اقتصادی زبوں حالی۔ ۲۔ تعلیمی درماندگی۔ ۳۔ بے یقینی و لادینی۔ ۴۔ مایوسی۔ ۵۔ غیر قوموں کے مقابلہ میں احساس کمتری کا تصور۔ ۶۔ اکثر و بیشتر عورتوں کی جہالت اور اس کے پیدا شدہ نتائج۔ ۷۔ خود فراموشی۔ زندگی کے حقائق سے فرار کرنے کی عادت اور اپنی عظمت کے تصور کا فقدان۔

سر سید نے جب بہ نظر غائر ان کوائف کا مطالعہ کیا تو انہیں معلوم ہوا کہ بنیادی چیز تعلیمی زبوں حالی اور ثقافتی پستی ہے۔ یہ نہیں کہ وہ تعلیم مغرب کے خواہ مخواہ گرویدہ و شیدا تھے۔ حقیقت یہ ہے کہ وہ مغربی تعلیم سے مسلح ہو کر مغربی تہذیب کے بڑھتے ہوئے سیلاب کو اسی ثقافت کے مخصوص ہتھیاروں سے کام لے کر روک دینا چاہتے تھے۔ چنانچہ سر سید نے تعلیمی زبوں حالی کو تمام خرابیوں کی جڑ تصور کر کے اس مسئلہ کو بنیادی اہمیت دی اور علیگڑھ کالج کی بنیاد ڈالی اور تمام عمر اسی کی ترقی کے لیے لگے رہے اور اس کے عمدہ نتائج انہوں نے خود اپنی زندگی میں دیکھے۔

***

مولانا ابوالکلام آزاد

1857۔ کئی فسانے۔۔۔ایک حقیقت

(ایس این سین کی کتاب اٹھارہ سوستاون (1857) پہلی جنگ آزادی کی صد سالہ برسی کے موقع پر شائع ہوئی تھی۔ یہ کتاب حکومتِ ہند کی ایما پر لکھی گئی تھی۔ مولانا ابوالکلام آزاد نے جو اس وقت وزیر تعلیم تھے اس کتاب کا مقدمہ تحریر کیا تھا۔ یہ مقدمہ (1857) کی جدوجہد کا ایک اہم جز ہے)

آج سے تقریباً پانچ سال قبل انڈین ہسٹاریکل ریکارڈس کمیشن (Indian Historical Records commission) کے سالانہ اجلاس میں، میں نے 1857 کی جسے عام طور پر سپاہیوں کی بغاوت کا نام دیا جاتا ہے، کی از سرِ نو تاریخ لکھے جانے پر زور دیا تھا۔ اگر ہم ان میں سے صرف مشہور تاریخ دانوں کی کتابوں کو ہی

لیں تو ان کی تعداد بھی کافی زیادہ ہے۔ اس کے باوجود مجھے محسوس ہوا کہ ابھی تک اس عظیم جدوجہد کی کوئی معروضی تاریخ نہیں لکھی گئی ہے۔ جتنی بھی کتابیں لکھی گئی ہیں وہ سب انگریزوں کے نقطہ نگاہ کو سامنے رکھ کر لکھی گئی ہیں۔

ایک عرصے تک اس عظیم جدوجہد کی مقصدیت کو لے کر پورے ہندوستان میں اور باہر بھی عجیب طرح کا تنازعہ بنا رہا۔ اس موضوع پر جتنی بھی کتابیں لکھی گئی ہیں ان سب میں اسے قانون کے مطابق ہی اس وقت کی حکومت کے خلاف ہندوستانی فوج کی بغاوت کا نام دیا گیا ہے۔ انہوں نے یہ تو مانا کہ کچھ ہندوستانی رجواڑوں نے بھی بغاوت کا ساتھ دیا لیکن یہ ایسی حکومتیں تھیں جنہیں لارڈ ڈلہوزی کے ذریعہ قبضہ کیے جانے کی وجہ سے شکایتیں پیدا ہو گئی تھیں۔ ایسے مورخین کا کہنا ہے کہ برٹش حکومت جو اس وقت ملکہ کی قانونی اور جائز حکومت تھی، اس نے بغاوت کو فرو کر دیا اور دوبارہ قانون کی حکومت قائم کر دی۔

اس موضوع پر جتنی بھی کتابیں لکھی گئی ہیں ان سب میں 1857 کے واقعات کو اسی طریقے سے بیان کیا گیا ہے اور اسے کسی دوسرے نقطہ نگاہ سے سمجھنے کی کوشش نہیں کی گئی ہے۔ تاہم یہاں یہ بتانا ضروری ہے کہ ایسٹ انڈیا کمپنی کا جائز حق صرف اتنا ہی تھا کہ وہ مغل شہنشاہ کے دیوان یا ایجنٹ کی حیثیت سے بنگال، بہار اور اڑیسہ کی مال گزاری وصول کرے۔ اس کے بعد سے کمپنی نے جن علاقوں کو حاصل کیا وہ فوج کی فتح کی وجہ سے، لیکن کہیں بھی کمپنی نے شہنشاہ کی ملکیت اور علاقائیت کے

اختیار کو چیلنج نہیں کیا اور جب فوج نے کمپنی کے ان حقوق کو ماننے سے انکار کر دیا تو اس نے شہنشاہ سے اس بات کے لیے اپیل کی۔ اس لیے یہ بحث کا موضوع بن سکتا ہے کہ کیا ہندوستانی افواج کی بغاوت کو ملک کی مستحکم حکومت کے خلاف بغاوت یا غداری کا نام دیا جا سکتا ہے؟ یہ بھی بتانا ضروری ہے کہ جہاں زیادہ تر مصنفین نے ہندوستانی عوام اور خواص کے ذریعہ یوروپین مرد عورت اور بچوں پر کیے گئے مظالم کو بہت تفصیل سے بیان کیا ہے، وہاں بہت کم لوگوں نے اتنی ہی تفصیل سے ہندوستانیوں پر کیے گئے انگریزوں کے مظالم کو بیان کیا ہے۔ میرا اپنا خیال ہے کہ بیسویں صدی کی ابتداء میں اس بغاوت کے سلسلہ میں تین جلدوں پر مشتمل جو تاریخ لکھی گئی، اس کا ذکر ضروری ہے۔ یہ تاریخ بھی مکمل طور پر انہیں دستاویزوں پر مشتمل ہے جو امپیریل ریکارڈس ڈیپارٹمنٹ کے آرکائیوز میں موجود تھی اور جسے اب نیشنل آرکائیوز آف انڈیا کا نام دیا گیا ہے اور یہ ایک عام بات ہو گئی ہے کہ پچاس سال کے بعد سبھی سرکاری دستاویزوں کو ریسرچ اسکالر کو دکھایا جاتا ہے۔ یہ بات بھی یونائٹیڈ برٹین کے اس فیصلے کے بعد رائج ہوئی جو نپولین سے جنگ کے بعد برٹش حکومت نے کیا تھا اور یورپ کے دوسرے ممالک نے بھی یہی رویہ اختیار کیا۔ 1907 میں ہندوستانی بغاوت کے پچاس سال پورے ہوئے اور شاید اس وقت کی حکومت نے محسوس کیا کہ 1857 کی تاریخ سرکاری دستاویزوں کو لے کر لکھی جائے جو اب ریسرچ کے لیے سبھی کو حاصل ہونے والی تھی۔

یہ تاریخ بھی اگرچہ آفیشیل ریکارڈ پر مبنی ہے اور اسی طرح سے اس جدوجہد کو بیان کرتی ہے جس طرح انگریزی مصنفین کی لکھی ہوئی کتابیں۔ اس کتاب کی اشاعت میں صرف ایک نیا پہلو سامنے آیا ہے۔ مصنف نے واضح طور پر اظہار کیا ہے کہ جہاں تک اودھ کا تعلق تھا یہاں کی جنگ میں قومی سطح پر بغاوت کے آثار پائے جاتے تھے۔ حال ہی میں کمپنی نے ایک ہندوستانی بادشاہ سے بہت کچھ چھینا تھا اور عوام اس حملے کے زبردست مخالف ہو گئے تھے۔

اور اس لیے وہ کمپنی کے خلاف بغاوت کرنے کو اپنا جائز حق سمجھتے تھے کیوں کہ کمپنی نے اودھ کے ساتھ ناانصافی کی تھی۔ تاہم اودھ کی بغاوت میں قومی پیمانے پر بغاوت کی چنگاری کا پایا جانا کوئی نیا انکشاف نہیں تھا کیوں کہ لارڈ کیننگ نے بھی اپنے سرکاری مراسلوں میں اس بات کا اعتراف کیا ہے کہ اودھ کی جدوجہد ایک طرح سے قومی پیمانے کی مزاحمت تھی۔ اس لیے کتاب ہٰذا کے مصنف کو ان باتوں کو دہرانے میں کوئی قباحت نہیں ہوئی، جس کا اعتراف خود لارڈ کیننگ پہلے کر چکا تھا۔ مصنف نے یہ بھی کہا ہے کہ شاید اودھ کے تعلق داروں کے ساتھ اودھ پر قبضے کے بعد جو رحم دلی دکھائی گئی تھی غالباً وہ اسی حقیقت کے اعتراف میں تھی۔

جیسا کہ میں پہلے ہی کہہ چکا ہوں میں نے محسوس کیا کہ اب وقت آگیا ہے کہ 1857 کی تحریک کی ایک نئی اور معروضی تاریخ لکھی جائے۔ 1954 کے موسم خزاں میں میرا ذہن اس موضوع کی طرف دوبارہ متوجہ ہوا اور میں نے محسوس کیا کہ بغاوت کے صد

سالہ جشن کے دوران ہی وہ مناسب موقع ہو گا جب اس کی نئی اور عالمانہ تاریخ لکھی جائے۔ بغاوت کی پہلی چنگاری 10 مئی 1857 وہ نیک ساعت ہوگی جب اس جدوجہد کی مکمل اور جامع تاریخ شائع کی جائے۔

یہ سوال اکثر کیا جاتا ہے کہ اس بغاوت کے لیے کون لوگ ذمہ دار تھے۔ اس طرح کا مشورہ دیا گیا ہے کہ کچھ ایسے لوگ تھے جنھوں نے مل کر منصوبہ بنایا اور ایسی اسکیم وضع کی جس کے تحت اس تحریک کی ابتدا ہونی تھی۔ میں اس بات کا اعتراف ضروری سمجھتا ہوں کہ اس پہلو پر مجھے شک ہے کیوں کہ غدر کے زمانے میں اور اس کے بعد بھی برٹش حکومت نے اس بات کی بہت زیادہ تفتیش کی تھی کہ اس بغاوت کے اسباب کیا تھے۔ لارڈ سیلس بری نے ہاؤس آف کامنس میں یہ بیان دیا تھا کہ اس بات کو قبول کرنے کے لیے قطعی تیار نہیں کہ اتنے وسیع پیمانے پر پھیلی اتنی طاقت ور تحریک صرف چربی ملی گولی کو لے کر پیدا ہوئی تھی۔ انہیں یقین تھا کہ جو کچھ سطح پر نظر آتا ہے اس کے پس پشت کچھ اور بھی باتیں تھیں۔ حکومت ہند اور پنجاب کی حکومت نے بھی اس سوال کا مطالعہ کرنے کے لیے بہت سے کمیشن بنائے۔ اس زمانے میں پھیلی سبھی افواہوں کا بغور مطالعہ کیا گیا۔ ایک کہانی یہ بھی مشہور ہوئی تھی کہ چپاتیوں کے اندر رکھ کر اطلاعات بھیجی گئیں۔ اس کے علاوہ یہ بھی ایک پیشن گوئی تھی کہ ہندوستان میں برٹش حکومت کا خاتمہ جون 1875 میں پلاسی کی جنگ کے سو سال پورا ہونے پر ہو جائے گا۔ بہت زیادہ تفتیش اور جانچ پڑتال کے بعد بھی اس کا کوئی ثبوت نہیں ملا کہ یہ

بغاوت پہلے سے منصوبہ بند تھی اور یہ کہ فوج اور ہندوستانی عوام اس سازش میں مشترکہ طور پر شامل تھے کہ وہ کمپنی کی حکومت کو اکھاڑ پھینکیں۔ میرا یہی خیال ایک زمانے سے تھا اور بعد میں اس سلسلہ میں جو بھی ریسرچ کی گئی اس سے کوئی نئی حقیقت ایسی سامنے نہیں آئی جس سے میرے خیالات میں کوئی تبدیلی ہو سکے۔

بہادر شاہ ظفر مقدمے میں اس بات کی کوشش کی گئی کہ یہ ثابت کیا جا سکے کہ وہ پہلے سے سوچی سمجھی سازش میں شامل تھے۔ جو بھی گواہیاں پیش کی گئیں، ان سے وہ برٹش حکمراں بھی مطمئن نہیں ہو سکے جو مقدمہ چلا رہے تھے اور اس طرح کی افواہوں کو ہر ذی شعور آدمی صرف افواہ سمجھنے پر مجبور ہے، بلکہ مقدمے کے دوران بھی سرف یہی بات سامنے آئی کہ تحریک سے نہ صرف خود بہادر شاہ بلکہ انگریز بھی حیرت میں پڑ گئے تھے۔

اس صدی کے ابتدائی سالوں میں کچھ ہندوستانیوں نے بھی اس جدوجہد کے بارے میں لکھا ہے۔ لیکن اگر سچ بات کہنی ہو تو ہمیں یہ ماننا پڑے گا کہ جو بھی کتابیں انہوں نے لکھی ہیں، وہ تاریخ نہیں ہیں بلکہ سیاسی پروپیگنڈہ ہیں۔ ان کے مصنفین نے اس جدوجہد کو ہندوستان کی آزادی کی منصوبہ بند جنگ کا نام دیا ہے جسے ہندوستانی امراء نے برٹش حکومت کے خلاف چلایا تھا۔ انہوں نے چند افراد کو اس بغاوت کو منظم کرنے کا بھی ذمہ دار ٹھہرایا ہے۔ یہ کہا گیا کہ نانا صاحب جو پیشوا باجی راؤ کا جانشین تھا، اس نے تمام ہندوستانی فوجی تنظیموں سے تعلقات استوار کر کے اس کا منصوبہ بنایا تھا۔ اس

کے ثبوت میں انھوں نے یہ کہا ہے کہ نانا صاحب لکھنؤ اور انبالہ مارچ اور اپریل 1857 میں گئے تھے اور اس کے بعد مئی 1857 میں اس جدوجہد کا آغاز ہوا۔ صرف اتنی سی بات کو اس بات کے لیے وافر ثبوت نہیں مانا جا سکتا۔

اس طرح کے خیالات کس قدر بے بنیاد اور افواہ پر مبنی ہیں، یہ اس وقت واضح ہو جاتا ہے جب اس طرح کے مورخین اودھ کے وزیر علی نقوی خان کو اس جنگ کے لیے خاص سازش کرنے والا بتاتے ہیں۔ جس کسی نے بھی اودھ کی تاریخ کا مطالعہ کیا ہے وہ اسے حد سے زیادہ مضحکہ خیز سمجھے گا کیوں کہ علی نقوی خاں ایسٹ انڈیا کمپنی کے پٹھو تھے۔ یہ وہی شخص تھا جس پر انگریزوں نے اعتماد کر کے انھیں واجد علی شاہ کو اس بات کے لیے تیار کرنے کو کہا تھا کہ وہ اپنی حکومت کو اپنی مرضی سے انگریزوں کے سپرد کر دیں۔ بلکہ برٹش ریزیڈنٹ جنرل آوٹ رام نے علی نقی خاں سے یہ بھی وعدہ کیا تھا کہ اگر وہ اپنے مشن میں کامیاب ہو گئے تو انھیں بہت زیادہ انعام و اکرام سے نوازا جائے گا۔ علی نقی خان اپنے اس منصوبے کے لیے اس طرح سے جی توڑ کر کوشش کر رہے تھے کہ واجد علی شاہ کی ماں کو خوف پیدا ہوا کہ اس طرح کسی بہانے سے وہ تخت حاصل کر لے گا۔ اسلیے انھوں نے حکومت کی مہر کو فوری طور پر اپنے قبضے میں کر لیا اور زنان خانہ میں اسے رکھا اور یہ حکم جاری کر دیا کہ ان کی اجازت کے بغیر یہ کہیں نہیں جا سکتی۔ یہ ساری باتیں لکھنؤ کے عوام کو معلوم تھیں اور اسی لیے وہ

علی نقوی خاں کو غدار کی حیثیت سے دیکھتے تھے۔ اس لیے یہ کہنا کہ ایسا شخص بغاوت کے پس پردہ سب سے بڑا سازشی تھا، بالکل ہی غلط ہو جاتا ہے۔

یہ بھی کہا گیا کہ منشی عظیم اللہ خان اور رنگو باپوجی دونوں نے مل کر اس بغاوت کا منصوبہ بنایا تھا۔ عظیم اللہ خان، نانا صاحب کا ایجنٹ تھا اور نانا صاحب نے اپنے مقدمے کی پیروی کے لیے انہیں لندن بھیجا تھا تاکہ وہ ان کے لیے وہ پنشن حاصل کر سکے جو باجی راؤ کو دی جا رہی تھی۔ ہندوستان واپس آنے سے پہلے وہ ترکی گئے جہاں کریمیا کی جنگ میں ان کی ملاقات عمر پاشا سے ہوئی۔ اسی طرح رنگو باپوجی بھی ڈلہوزی کے فیصلے کے خلاف، جس کے مطابق ستارہ کو برٹش حکومت میں شامل کر لیا گیا تھا، اپیل کرنے کے لیے گئے ہوئے تھے۔

صرف اتنی سی بات کو، کہ وہ الگ الگ مقاصد کے تحت لندن گئے تھے، یہ مان لیا گیا ہے کہ ان دونوں نے مل کر وہاں اس طرح کی سازش رچی۔ یہاں یہ بات بالکل صاف ہونی چاہیے کہ اس طرح کی قیاس آرائیوں کو شہادت نہیں مانا جا سکتا۔ اور اگر یہ مان بھی لیا جائے کہ ان باتوں پر انہوں نے لندن میں کوئی بات بھی کی تو اس سے نتیجہ نہیں نکالا جا سکتا کہ اس بغاوت کے وہی محرک تھے، جب تک کہ ہندوستان میں بعد میں ہونے والے واقعات کا سلسلہ ان سے نہ مل جائے۔ ایسے رشتوں کا کوئی ثبوت نہیں ہے۔ کسی ریکارڈ یا گواہی کی عدم موجودگی میں ہم یہ نہیں کہہ سکتے کہ اس بغاوت کے لیے انہوں نے کوئی سازش رچی تھی۔ کانپور کے نزدیک بٹھور پر قبضہ ہونے کے بعد

انگریزوں نے نانا صاحب کے سبھی کاغذات اپنے قبضہ میں کر لیے تھے، ان کاغذات میں ایک خط عمر پاشا کے نام بھی تھا جو انہیں کبھی نہیں بھیجا گیا۔ اس خط میں انہیں اطلاع دی گئی تھی کہ ہندوستانی فوجیوں نے انگریزوں کے خلاف بغاوت کر دی ہے۔ نہ تو اس خط میں اور نہ عظیم اللہ خان کے دوسرے کاغذات میں ایسا کوئی اشارہ ملتا ہے جس میں یہ کہا گیا ہو کہ انہوں نے اس بغاوت کے لیے کوئی سازش کی تھی۔

جو بھی ثبوت موجود ہیں ان سے ہم اس نتیجہ پر پہنچنے کے لیے مجبور ہیں کہ 1857 کی بغاوت نہ تو کسی منصوبہ بند سازش کا نتیجہ تھی اور نہ ہی اس کے پیچھے کوئی سازشی دماغ کام کر رہا تھا۔ جو کچھ بھی ہوا وہ صرف اتنا کہ کمپنی کی سو سالہ حکومت کے دوران ہندوستانی عوام اس سے ناراض ہو چکے تھے کیوں کہ کمپنی نے شروع میں یہ عمل دخل نواب یا شہنشاہ کے نام پر دینا شروع کیا اور بہت دنوں تک ہندوستانیوں کو یہ محسوس ہی نہیں ہو سکا کہ غیر ملکی لوگوں نے یہاں کا اقتدار حاصل کر لیا ہے۔ اور جب انہیں یہ احساس ہوا کہ خود اپنے ملک میں انہیں غلام بنا لیا گیا ہے تو ایسے حالات پیدا ہو گئے کہ وہ اسکے خلاف آواز اٹھا سکیں۔

اگر یہ پوچھا جائے کہ اس بغاوت کے پھیلنے میں سو سال کی مدت کیوں لگی؟ تو اس کا جواب مندرجہ ذیل حقائق میں مل جائے گا۔ ہندوستان میں برٹش طاقت کے فروغ جیسی کوئی دوسری مثال تاریخ میں کہیں نہیں ملتی۔ یہ کسی ایک ملک کے ذریعہ کسی دوسرے ملک پر فوری طور پر فتح پا کر قابض ہونے کا معاملہ نہیں ہے بلکہ کسی ملک میں

دھیرے دھیرے داخل ہونے کی کہانی ہے جس میں خود ملک کے عوام نے حملہ آوروں کی مدد کی۔ یہ حقیقت بھی کہ انگریزوں نے فتح برٹش تاج کے نام پر نہیں حاصل کی اور اس وجہ سے وہ اپنے اصل مقصد پر پردہ ڈالنے میں کامیاب ہو گئے۔ اگر برطانیہ کی حکومت نے شروع سے ہی ہندوستانی معاملات میں دخل اندازی کی ہوتی تو ہندوستانیوں کو یہ احساس ہو جاتا کہ ایک غیر ملکی طاقت مل میں داخل ہو رہی ہے۔ چونکہ یہ ایک تجارتی کمپنی تھی، اس لیے لوگوں نے اسے اصل حکمراں نہیں سمجھا۔ اسی لیے کمپنی ایجنٹس نے اپنا معاملہ اس طرح طے کیا جس طرح کوئی اور غیر ملکی حکمراں کے ایجنٹس نہیں کر سکتے تھے۔ برٹش تخت کا کوئی بھی ایجنٹ مغل دربار کے شہزادوں اور بااثر لوگوں کے اشارے پر کام کرنے میں ہچکچاہٹ محسوس کرتا۔ کمپنی کے ایجنٹ کو اس طرح کی کوئی رکاوٹ نہیں تھی۔ وہ چھوٹے سے چھوٹے اہلِ کاروں کے سامنے بھی اسی طرح جھک جاتے جیسے ہندوستانی تجارت پیشہ لوگوں کے سامنے۔ انہوں نے رشوت بھی دی اور بہت سی بدعنوانیاں بھی کیں۔ اور انہیں کبھی یہ خوف نہیں ہوا کہ ان کا بادشاہ انہیں اس کام کے لیے سزا دے گا۔

یہ بھی نوٹ کرنے کی بات ہے کہ کمپنی نے کبھی کوئی مداخلت اپنے نام سے نہیں کی۔ اس نے ہمیشہ اپنے مفاد کو آگے رکھنے کے لیے کسی مقامی سردار کا سہارا لیا۔ اس طرح کمپنی نے جنوب میں کرناٹک کے نواب کے دعوے کی حمایت کرتے ہوئے اپنی طاقت بڑھائی۔ اسی طرح بنگال میں اس نے مرشد آباد کے نواب ناظم کے نام

اور حکم کے تحت اپنے اختیارات وسیع کیے۔ حد تو یہ ہے کہ جب بنگال کی اصل حکمرانی اس کے ہاتھ آئی تو بھی اس نے اپنے کو خود مختار حکمراں نہیں سمجھا۔ لارڈ کلائیو نے شہنشاہ سے درخواست کی کہ اسے دیوانی کے اختیارات دے دیئے جائیں اور کئی دہائیوں تک کمپنی نے شہنشاہ کے ایجنٹ کی حیثیت سے کام کیا۔ یہی نہیں بلکہ کمپنی نے دوسرے صوبے کے گورنروں اور صوبے داروں کے قوانین کی بھی اتباع کی۔ صوبوں میں گورنروں کی اپنی مہر ہوا کرتی تھی لیکن انہوں نے خود کو ہمیشہ مغل شہنشاہ کا خادم ہی بتایا۔ گورنر اور صوبے دار دلی میں شہنشاہ کی آمد کے منتظر رہتے اور جب وہ لوگوں کے سامنے آتا تو جھک کر ان کی تعظیم کرتے، اسے ہدیہ اور تحائف پیش کرتے اور پھر بعد میں شہنشاہ سے خلعت حاصل کرتے۔ گورنر جنرل نے بھی اسی طرح شہنشاہ کی تعظیم کی اور 101 اشرفیوں کی نذر پیش کی۔ اس کے جواب میں شہنشاہ نے انہیں خلعت اور خطاب سے نوازا اور یہ خطاب گورنر جنرل ہمیشہ سارے دستاویزوں میں استعمال کرتا۔ اس طرح ملک میں شہنشاہ کی بادشاہت کا بھرم قائم رکھا گیا۔ لوگوں کو بہت بعد میں یہ احساس ہوا کہ خود کمپنی دھیرے دھیرے اس ملک پر بااختیار حکمراں ہوتی جا رہی ہے۔

یہ سلسلہ 19ویں صدی کی دوہائیوں تک چلتا رہا۔ اس وقت تک کمپنی کی حکومت دریائے ستلج تک وسیع ہو چکی تھی۔ تب اس وقت کے گورنر جنرل لارڈ ہسٹنگز کو یہ خیال ہوا کہ اب وقت آگیا ہے کہ وہ خود اپنی طاقت کا مظاہرہ کرے اور دھیرے

دھیرے شہنشاہ سے اپنا رشتہ منقطع کر لے۔ اس سلسلہ میں اس نے پہلی چال یہ چلی کہ جب کبھی وہ شہنشاہ کے سامنے آئے تو اسے بیٹھنے کی اجازت ملے اور اس کو نذرانے کی روایت سے مستثنیٰ کیا جائے۔ شہنشاہ نے اس کی ان دونوں درخواستوں کو مسترد کر دیا اور کچھ وقتوں تک گورنر جنرل نے کوئی اصرار بھی نہیں کیا۔

پھر کمپنی نے شہنشاہ کی طاقت گھٹانے کے لیے چھوٹی چھوٹی ریاستوں کو دلی سے آزاد ہونے کے لیے اکسایا۔ اس سلسلہ میں حیدر آباد کے نظام سے پہل کی گئی۔ اس سے درخواست کی گئی کہ وہ اپنی خود مختار بادشاہت کا اعلان کر دے۔ نظام اس سے متفق نہیں ہوئے۔ لیکن انگریزوں کو ایسا ایک سہارا اودھ کے نواب وزیر سے مل گیا۔ اودھ نے فوری طور پر بادشاہ کے زیر اثر صوبے سے آزاد ہونے کا اعلان کر دیا اور پھر شہنشاہ سے ساری وفاداری منقطع کر لی۔

1835 تک کمپنی نے اپنے کو خود اتنا مضبوط کر لیا کہ اس نے پہلی بار اپنے سکے ڈھالے جس میں بادشاہ کا نام نہیں دیا گیا۔ بہت سے لوگوں کو اس سے صدمہ ہوا۔ تب انہیں احساس ہوا کہ شہنشاہ کے ایجنٹ یا تجارت سے نکل کر کمپنی خود ہندوستان کے ایک وسیع علاقے کی مالک بن بیٹھی ہے۔ 1835 میں ہی ایک فیصلہ اور ہوا کہ عدالتوں کی زبان فارسی کے بجائے انگریزی کر دی جائے۔ ان سب عوامل سے لوگوں میں یہ احساس ہوا کہ اب کمپنی کے رتبے میں تبدیلی آگئی ہے۔ اس احساس سے

لوگوں کے دماغ پریشان ہو گئے۔ اور پریشانی صرف عوام کو ہی نہیں بلکہ مسلح افواج کے لوگوں کو بھی لاحق ہو گئی۔

انیسویں صدی کی تیسری دہائی میں حالات کا اندازہ ہمیں اس مطالعے سے ہو سکتا ہے جسے ایک معروف برٹش شہری نے اس زمانے میں پیش کیا تھا۔ عزت مآب فریڈرک جان شور، سر جان شور کے لڑکے تھے اور مختلف حیثیتوں سے بنگال پریزیڈنسی کے شمال مغربی خطے میں پولیس مال گزاری اور عدلیہ میں کام کر چکے تھے۔ اس نے انڈین گزٹ میں گمنام طریقے سے بہت سے مضامین لکھے۔ یہ انڈین گزٹ کلکتہ سے نکلنے والا ایک روزنامہ تھا اور اس نے 1837 میں ان مضامین کو جمع کر کے، انڈین افیرز، پر نوٹس کے نام سے ایک کتاب شائع کی۔ اس کتاب کے پڑھنے سے اس زمانے میں ہندوستانیوں کے ذہن کی مکمل عکاسی ہو جاتی ہے۔ اس نے بار بار اس بات کو دہرایا کہ گرچہ ظاہری طور پر ہر طرف امن و امان قائم ہے لیکن یہ حالات اس ڈائنا مائٹ کی طرح ہیں جن میں ذرا سی چنگاری سے ہر طرف آگ کے شعلے نظر آنے لگیں گے۔ یہ وہی بڑھتی ہوئی بے چینی تھی جو 1837 کی بغاوت کی شکل میں تبدیل ہوئی۔

اس بے چینی کو دو عوامل کی وجہ سے بغاوت میں تبدیل ہونے میں کوئی وقت نہیں لگا۔ ایک تو وہ نئی پالیسی تھی جسے مسٹر تھامسن شمالی مغربی صوبے کے لیفٹیننٹ گورنر (بعد میں آگرہ اور اودھ) نے وضع کیا تھا۔ شروع میں کمپنی نے اس پالیسی کی حمایت کی تھی کہ زمین داروں کا ایک ایسا طبقہ پیدا کیا جائے جو ہمیشہ سرکار کا حمایتی رہے۔ تھامسن کا

خیال اس سے جدا تھا۔ اس کا خیال تھا کہ بڑے بڑے امراء اور زمینداروں کا وجود کمپنی کے لیے کبھی بھی خطرہ ہو سکتا ہے۔ اس کا خیال تھا کہ اس لیے ایک طبقے کی حیثیت سے زمینداروں کو ختم کیا جانا چاہیے اور سرکار کو چاہیے کہ وہ رعایا سے خود اپنا تعلق قائم کرے۔ اس نئی پالیسی کے نتیجہ میں کمپنی نے ہر حیلہ اور بہانے سے کام لیا کہ کسی طرح امراء اور زمینداروں کو ان کی زمینوں سے بے دخل کر دیا جائے، خاص طور سے یہ کہہ کر کہ وہ خود سرکار کے تحت کا شکار رہیں۔

سب سے زیادہ فیصلہ کن وہ دوسری پالیسی تھی جسے ڈلہوزی نے وضع کیا تھا اور جس میں رفتہ رفتہ ایک کے بعد ایک ہندوستانی ریاستوں کو برٹش علاقے میں شامل کیا جا رہا تھا۔ اس میں ہندوستان، امراء کے آخری دور سے گزر رہا تھا۔ امراء اور زمینداروں کے تحت لوگوں کی وفاداری صرف اپنے امیر یا زمینداروں سے ہوتی۔ اس وقت ملک یا قوم سے وفاداری کا کوئی تصور نہیں تھا۔ جب لوگوں نے دیکھا کہ ایک کے بعد ایک ہندوستانی ریاستوں کو انگریزوں کا باج گزار بنایا جا رہا ہے اور رفتہ رفتہ زمینداری کے نظام کو ختم کیا جا رہا ہے تو اس سے بھی انہیں بہت دھکا لگا۔ انہوں نے محسوس کیا کہ اب کمپنی اپنے اصل رنگ میں سامنے آ رہی ہے اور وہ دھیرے دھیرے ہندوستانی سماجی اور سیاسی نظام کو تبدیل کرتی جا رہی ہے۔ یہ بے چینی اپنے عروج کو اس وقت پہنچی جب اودھ کمپنی نے قبضہ کر لیا۔ اودھ ایک ایسا صوبہ تھا جو ستر سالوں سے کمپنی کا حلیف تھا۔ اس پورے عرصے میں اودھ نے کبھی بھی برٹش مفاد کے خلاف کوئی کام

نہیں کیا۔ اس کے باوجود جب کمپنی نے بادشاہ کو تخت چھوڑنے کے لیے مجبور کیا اور سلطنت پر اپنا قبضہ کرلیا تو لوگوں کو بہت زیادہ صدمہ پہنچا۔

اودھ کی شکست کا سب سے بڑا اثر آبادی کے اسی علاقے پر پڑا کیوں کہ بنگال آرمی کے زیادہ تر فوجی اسی علاقے سے بھرتی کیے جاتے تھے۔ انہوں نے کمپنی کی ہر طرح سے وفاداری کے ساتھ خدمت کی تھی اور ملک کے وسیع علاقے میں اس کی حکومت قائم کرنے میں معاون رہے تھے۔ انہیں بھی اچانک احساس ہوا کہ ان کی خدمات کی بدولت کمپنی کو جو اختیار حاصل ہوا ہے اس کا استعمال انہوں نے خود ان کے بادشاہ کو ختم کرنے میں کیا ہے۔ میرے دل میں ذرا بھی اس بات کے لیے شک نہیں ہے کہ 1856 میں جب اودھ پر قبضہ کیا گیا اسی وقت سے فوجیوں میں اور خصوصاً بنگال آرمی میں بغاوت کا موڈ پیدا ہو گیا تھا اور یہیں سے لوگوں نے سوچنا شروع کیا کہ اب کمپنی کی حکومت کو اکھاڑ پھینکنے کا وقت آگیا ہے۔ بغاوت کے دوران لارنس اور دوسروں نے عام سپاہی کے خیالات کو جاننے کی کوشش کی اور اس نظریے کی حمایت میں بہت سے شواہد موجود ہیں۔ چربی ملی گولیوں کی فراہمی سے فوج میں کوئی نئی بے چینی نہیں پیدا ہوئی لیکن اس نے یہ موقع ضرور فراہم کر دیا کہ دبی ہوئی چنگاری شعلہ بن کر سامنے آگئی۔

ابتدا میں ایسٹ انڈیا کمپنی ہندوستانیوں کے جذبات کا بہت لحاظ کرتی تھی۔ اس نے ہندوستانی احساسات کا پورا لحاظ رکھا اور اونچی ذات کے لوگوں کے ساتھ بہت اچھا

رویہ روا رکھا۔ گورنر جنرل کونسل کے ممبران کی ایک روایت یہ رہی کہ وہ امراء کا اپنے دروازے تک آکر استقبال کرتے، واپسی میں انہیں رخصت کرنے بھی جاتے اور ایسا ہر اس شخص کے ساتھ کیا جاتا جس کا سماج میں کوئی مرتبہ ہوتا۔ جیسے جیسے وہ طاقت ور ہوتی گئی، اس نے ہندوستانی جذبات کا خیال رکھنا چھوڑ دیا۔ نئے نئے قوانین وضع کیے گئے اور اس بات کا کوئی خیال نہیں کیا گیا کہ اس پر ہندوستانیوں کا تاثر کیا ہو گا۔ تاہم اس بات کا اعتراف کرنا ضروری ہے کہ اس نے اس طرح کی حرکت اپنی لاعلمی کی وجہ سے کی نہ کہ کسی تحقیر آمیز جذبے سے۔ سارے معاملات کا نظم گورنر جنرل ایک کونسل کی مدد سے کرتے جس کے سبھی ممبران صرف انگریز ہوتے۔ شاید کونسل میں کسی ہندوستانی کو شامل کیے جانے کا خیال ہی خود کونسل کے لیے بہت حیرت انگیز ہوتا اور کوئی ایسا نمائندہ ادارہ بھی نہیں تھا جس سے حکمراں رعایا کے تاثرات کو سمجھ سکتے۔ اس طرح لوگوں کے خیالات سے واقف ہونے کا اس کے پاس کوئی ذریعہ نہیں تھا۔ کمپنی اور اس کی رعایا کے درمیان خلیج بڑھتی ہی گئی۔

1857 کے واقعات کے ضمن میں مختلف بیانات پڑھنے کے بعد چند نتائج آسانی سے اخذ کیے جا سکتے ہیں۔ یہ سوال خود بخود ہی پیدا ہوتا ہے کہ کیا یہ بغاوت صرف قومیت کے احساس کی وجہ سے پھیلی۔ اس میں کوئی شک نہیں کہ اس میں حصہ لینے والے لوگ قومیت کے جذبے سے سرشار تھے لیکن یہ اتنا زیادہ نہیں تھا کہ جس سے کوئی بغاوت پھیل سکتی۔ حب الوطنی کے جذبے کو لوگوں کے مذہبی جذبات بھڑکا کر تقویت پہنچائی

گئی اور لوگ اٹھ کھڑے ہوئے۔ چربی ملی گولی کی تشہیر اس کی ایک مثال ہے۔ دوسرے طریقوں سے بھی سپاہیوں کے مذہبی جذبات کو مشتعل کیا گیا۔ اس کے بعد ہی وہ اپنے غیر ملکی آقاؤں کے خلاف اٹھ کھڑے ہوئے۔

جہاں تک چربی ملی گولی کا سوال ہے، فورٹ ولیم میں ملی دستاویزات سے یہ ثابت ہوتا ہے کہ کمپنی کے خلاف یہ الزام انصاف پر مبنی تھا لیکن اس کے علاوہ مذہبی مداخلت کے دوسرے الزامات بے بنیاد تھے۔ یہ افواہ بھی بہت آسانی سے پھیلائی گئی کہ کمپنی نے ستی کی رسم کو اس لئے ممنوع قرار دیا کہ وہ ہندو مذہب سے نفرت کرتی تھی۔ اس الزام کی کوئی بنیاد نہیں تھی۔ ستی کی رسم کو اس لیے ممنوع قرار دیا گیا کہ حکمراں طبقہ اور ہندوستان کے روشن خیال لوگوں کو بھی، جن کی قیادت راجہ رام موہن رائے کر رہے تھے، یہ احساس ہوا کہ یہ ایک غیر انسانی فعل ہے۔ کوئی بھی مہذب حکومت اسے برداشت نہیں کر سکتی تھی کہ انسانوں کو زندہ جلا دیا جائے۔ اب چونکہ اس جدوجہد کا جوش ختم ہو گیا ہے تو کوئی بھی ہندوستانی اس بات کو وافر جواز نہیں سمجھے گا کہ ستی پر لگائی جانے والی پابندی کمپنی کے خلاف بغاوت کا پیش خیمہ تھی۔

اسی طرح یہ الزام بھی بے بنیاد تھا کہ کمپنی گائے کی ہڈیوں کا سرمہ بنا کر آٹے میں ملا رہی ہے تاکہ ہندو سپاہیوں کے مذہبی جذبات کو ٹھیس پہنچے، کوئی بھی باشعور آدمی آج اس الزام کو نہیں مانے گا۔ لیکن جس وقت یہ افواہ پھیلائی گئی تو بہت سے فوجیوں کو اس پر یقین ہو گیا اور فوجیوں کی بغاوت میں اس نے فلیتے کا کام کیا۔

ایسٹ انڈیا کمپنی نے فیصلہ کیا کہ ہندوستانیوں کو مغربی تعلیم دی جائے اور اس کے لیے انھوں نے بہت سے اسکول اور کالج کھول دیئے۔ یہ کام بھی روشن خیال ہندوستانیوں کی مانگ کی وجہ سے کیا گیا تھا۔ تاہم عام لوگوں نے اس قدم کو بھی یہ سمجھا کہ یہ ہندوستانیوں کو عیسائیت قبول کرانے کے لئے کیا گیا ہے۔ ان تعلیم گاہوں کے اساتذہ کو کالا پادری کا نام دیا گیا اور انہیں سماج میں حقارت کی نگاہ سے دیکھا گیا۔ لیکن آج کوئی آدمی یہ قبول نہیں کرے گا کہ ان تعلیمی اداروں کی بدولت بغاوت پھیلی۔

اب 1857 کے واقعات کو پڑھتے ہوئے میں اس نتیجے پر پہنچنے پر مجبور ہوں کہ اس وقت ہندوستانیوں کا قومی کردار بہت پست ہو چکا تھا۔ بغاوت کی قیادت کرنے والے کبھی ایک دوسرے کے ہمنوا نہیں ہو سکے۔ وہ آپس میں رقابت کا جذبہ رکھتے اور ایک دوسرے کے خلاف ہمیشہ سازش کرتے رہتے۔ انہیں کبھی یہ خیال نہیں پیدا ہوا کہ ان کی نا اتفاقی کا بُرا اثر اس کام پر بھی پڑے گا۔ حقیقت تو یہ ہے لوگوں کی ایک دوسرے سے حسد اور سازش ہی ہندوستانیوں کی شکست کا سب سے بڑا سبب بنے گا۔

اس جد وجہد کے آخری دور میں بخت خان نے دلی کی کمان سنبھالی، وہ بہت ایماندار آدمی تھا اور وہ فتح حاصل کرنے کے لیے بے چین بھی تھا، جب کہ دوسرے فوجی سربراہوں نے اس کی شکست کا سامان مہیا کیا اور جب وہ لڑنے کے لیے آگے بڑھا

توان لوگوں نے اسے کوئی تعاون نہیں دیا۔ یہی حالات لکھنؤ میں بھی تھے۔ ہندوستانی فوجیوں نے ریزیڈنسی کا محاصرہ کر لیا تھا۔ لیکن سپاہیوں نے محسوس کر لیا کہ اگر ایک بار وہ اس پر قبضہ کر لیتے ہیں تو پھر حکومت یا اودھ کی ملکہ کو ان کی کوئی ضرورت نہیں رہے گی۔ اس لیے ان کی خدمات اسی وقت تک درکار ہیں جب تک یہ جنگ چلتی رہے۔ اسی لیے سپاہیوں نے کبھی فیصلہ کن فتح پانے کی کوشش نہیں کی۔

اس کے برخلاف انگریزوں نے ملکہ عالیہ کے تئیں پوری وفاداری سے لڑائی کی اور انھوں نے محسوس کیا کہ یہ ایک قومی سانحہ ہے اور انھیں اپنی زندگی اور فتح کے لیے جی توڑ کوشش کرنی ہے۔ اس کے علاوہ یہ بات بھی بہت اہم ہے کہ سوائے چند استثنائی صورت کے جن میں سب سے نمائندہ شخصیت احمد اللہ اور تانتیا ٹوپے کی تھی، زیادہ تر قائدین، جنھوں نے اس جدوجہد میں حصہ لیا، صرف اپنے ذاتی مفاد کی خاطر آگے آئے۔ وہ انگریزوں کے خلاف اس وقت تک کھڑے نہیں ہوئے جب تک کہ ان کے ذاتی مفاد پر ضرب نہیں پڑی۔ حد تو یہ ہے کہ بغاوت شروع ہونے کے بعد بھی نانا صاحب نے یہ اعلان کیا کہ اگر ڈلہوزی اپنا فیصلہ بدل دے اور ان کی مانگوں کو مان لے تو وہ اس سے معاہدہ کر سکتے ہیں۔ جھانسی کی رانی کو بھی اسی طرح کی ذاتی شکایت تھی، لیکن یہ اور بات ہے کہ جب ایک بار وہ جنگ میں کود پڑیں تو پھر پیچھے نہیں ہٹیں اور اپنے مقصد کے حصول کے لیے اپنی جان کی قربانی دے دی۔

جب بغاوت کے قائدین کی یہ حالت ہو تو آسانی سے یہ اندازہ لگایا جا سکتا ہے کہ عوام کی کیا حالت رہی ہوگی۔ وہ اکثر تماشائی بنے رہے اور اس وقت جو زیادہ طاقت ور دکھائی دیتا اس کا ساتھ دینے لگتے۔ ان کے اس رویے کا اندازہ صرف اس بات چیت سے لگایا جا سکتا ہے کہ تانتیا ٹوپے کا کیا حشر ہوا؟ جب اسے شکست فاش ہوئی تو اس نے عہد کیا کہ وہ مدھیہ پردیش میں نرمدا کے پار اپنی جدوجہد جاری رکھے گا۔ اسے یقین تھا کہ اگر وہ ایک بار مراٹھا حلقے میں پہنچ گیا تو لوگ اس کی مدد کریں گے۔ ماورائی طاقت اور چالاکی سے کام لیتے ہوئے اس نے اپنے تعاقب میں آنے والوں کو چکمہ دیتے ہوئے نرمدا کو پار کر لیا۔ لیکن وہاں جانے کے بعد اس نے دیکھا کہ کسی گاؤں میں بھی لوگ اسے پناہ دینے کے لیے تیار نہیں۔ ہر شخص اس کے خلاف تھا او آخر کار اسے پناہ لینے کے لیے جنگل کا رخ کرنا پڑا۔ یہاں بھی اس کے ایک خاص دوست نے نیند کی حالت میں اسے دھوکے سے پکڑوا دیا۔

اب اس عظیم جدوجہد کے دوران جو قتل و غارت گری ہوئی اس کے بارے میں چند الفاظ، انگریز مصنفین نے اکثر ہندوستانی سپاہیوں اور ان کے قائدین کے ذریعہ جو غیر انسانی فعل کیئے گیئے ان کے بارے میں بہت تفصیل سے اور بڑھا چڑھا کر لکھا ہے۔ تاہم نہایت افسوس کے ساتھ اس بات کا اعتراف کرنا پڑ رہا ہے کہ ان میں بے بعض الزامات بے بنیاد نہیں تھے۔ یورپین عورتوں اور بچوں کا دلی، کانپور، اور لکھنؤ میں قتل عام کا دفاع کرنے کا کوئی جواز نہیں ہے۔ گرچہ نانا صاحب کو اس بات کا ذمہ دار نہیں

ٹھہرایا جا سکتا کہ اس نے جنرل وہیلر سے جو وعدہ کیا تھا، وہ اسے پورا نہیں کر سکا۔ کیوں کہ اس کا فوجیوں پر کوئی اختیار باقی نہیں رہا تھا جنھوں نے سارے معاملات کو اپنے ہاتھوں میں لے لیا تھا۔ خود انگریز مورخین نے اس بات کا اعتراف کیا ہے کہ جب اس نے ایک بچے کی لاش کو پانی میں تیرتا ہوا دیکھا تو اسے بہت صدمہ ہوا۔ چاہے کچھ بھی ہو وہ ہندوستانی فوجی جو اسے اپنا قائد سمجھتے تھے انھوں نے ہی یہ گھناؤنا جرم کیا تھا۔ اسی طرح سے یہ ان قیدیوں کی بھی ذمہ داری تھی جنھیں جنرل ہیویلاک کے اس جگہ پر پہنچنے سے پہلے ہی قتل کر دیا گیا تھا۔ کہا جاتا ہے کہ اس نے یہ قتل اس بدلے کے جذبے سے کرایا تھا جو انگریزوں نے ہندوستانیوں کے ساتھ الہ آباد میں کیا تھا تاہم ایک غلطی کے سبب دوسری غلطی کے کیے جانے کا کوئی جواز نہیں ہے۔ نانا صاحب کو یقیناً ان بے چارے قیدیوں کے قتل کا ذمہ دار ٹھہرایا جائے گا۔

اگر اس طرح کے گھناؤنے کاموں سے ہندوستانیوں کا ریکارڈ بدنما ہو گیا تو انگریزوں نے بھی کوئی اچھا سلوک نہیں روا رکھا۔ انگریز مورخین نے عام طور پر برٹش افواج کے ان بہیمانہ مظالم کو نظر انداز کیا ہے۔ لیکن کچھ نے اس پر نفریں اور دکھ کا اظہار ضرور کیا ہے جو بدلے کے جذبے سے ہندوستانیوں پر کیے گئے تھے۔ خود ہڈسن کا نام خون کا پیاسا پڑ گیا تھا۔ نیل اس بات پر فخر کیا کرتا تھا کہ نام نہاد مقدموں کے نام پر اس نے سینکڑوں ہندوستانیوں کو پھانسی کے تختے پر چڑھایا۔ الہ آباد کے آس پاس کوئی ایسا درخت نہیں بچا تھا جس سے کسی ہندوستانی کی لاش نہ لٹکائی گئی ہو۔ ہو سکتا ہے کہ

انگریزوں کو غصہ زیادہ آگیا ہو۔ لیکن یہی بات ہندوستانی بھی اپنے بارے میں کہا کرتے تھے۔ اگر بہت سے ہندوستانیوں کی اس حرکت کا کوئی جواز نہیں پیش کیا جاسکتا تو یہی بات انگریزوں کے ساتھ بھی صادق آتی تھی۔ مسلمان امراء کو سور کی کھالوں میں زندہ سی دیا جاتا۔ اور پھر زبردستی ان کے گلے میں سور کا گوشت ڈال دیا جاتا۔ ہندوؤں کو لٹکتی تلواروں کے تلے گائے کا گوشت کھانے پر مجبور کیا گیا۔ زخمی قیدیوں کو زندہ جلا دیا گیا۔ انگریز سپاہی گاؤں میں نکل جاتے اور گاؤں والوں کو پکڑ کر لاتے اور انہیں اتنی اذیت دیتے کہ آخر کار وہ مرجاتے۔ کوئی بھی ملک یا کوئی بھی شخص اس قدر نفرت انگیز پر تشدد کام نہیں کرسکتا۔ اس کے بعد بھی وہ اپنے کو مہذب ہونے کا دعویٰ کرے۔

1857 کی بغاوت کے سلسلہ میں مبہم کہانیوں کے پس منظر میں دو باتیں صاف ابھر کر سامنے آتی ہیں۔ پہلی بات تو یہ کہ اس عرصے میں ہندو اور مسلمانوں کے درمیان بہت خاص یگانگت یا اشتراک دیکھنے کو ملتی ہے۔ اور دوسری بات یہ کہ اس پورے عرصہ میں مغل تاج کے تئیں ہر شخص نے اپنی گہری وفاداری دکھائی۔

غدر کی شروعات 10 مئی 1857 کو ہوئی اور یہ سلسلہ تقریباً دو سال تک چلتا رہا۔ اس دوران دونوں طرف کے سپاہیوں نے بہت سے شاندار اور بہت سے کالے کرتوت کیئے۔ بہت زیادہ بہادری کی مثالیں بھی ملتی ہیں اور اسی طرح ناقابل یقین تشدد کے بھی واقعات ملتے ہیں۔ اس دوران ہمیں کہیں بھی کوئی ایک مثال نہیں ملتی جب فرقہ

وارانہ بنیاد پر کوئی تشدد ہوا ہو۔ سبھی ہندوستانی، چاہے مسلم ہوں یا ہندو، چیزوں کو ایک ہی نظریے سے دیکھتے اور اسی نظریے سے واقعات پر تاثر ظاہر کرتے۔ فرقہ وارانہ جذبات سے یہ بے گانگی، لیڈروں کی کسی خاص کوشش کا نتیجہ نہیں تھی۔ ایسی کوئی مثال نہیں ملتی کہ 1857 کے دوران کسی نے بھی ہندو مسلم اتحاد کے لیے کوشش کی ہو۔ صدیوں کی ایک مشترکہ زندگی کے سبب ہندوؤں اور مسلمانوں میں اٹوٹ دوستانہ رشتے قائم تھے۔ اس لیے کسی خاص سبب کے لیے اتحاد کی اپیل کی جانے کی نہ کوئی ضرورت تھی اور نہ کوئی موقع تھا۔ اور اسی لیے آسانی سے یہ نتیجہ نکالا جا سکتا ہے کہ برٹش حکومت سے قبل ہندوستان میں ہندو مسلم کوئی مسئلہ نہیں تھا۔

حد تو یہ ہے کہ 1857ء سے پہلے انگریزوں نے پھوٹ ڈالو اور حکومت کرو، کی پالیسی اختیار کر رکھی تھی۔ یہ بھی صحیح ہے کہ خود برطانیہ کے تاج نے ہندوستانی حکومت کی باگ ڈور نہیں سنبھالی تھی لیکن سو سال قبل پلاسی کی جنگ کے بعد ایسٹ انڈیا کمپنی زبردست طاقت بن گئی تھی۔ ان سو سالوں کے دوران برٹش افسران نے ہندوستانی سماج کے مختلف عناصر کے اختلافات کو بہت زیادہ ہوا دی تھی۔ کمپنی کے ڈائرکٹرس جو مراسلے بھیجتے اس میں اس بات پر بار بار زور دیا جاتا کہ ہندوؤں اور مسلمانوں کے درمیان فرق کیا جانا چاہیے۔ وہ محسوس کرتے کہ مسلمانوں اور ان کی وفاداری پر کبھی بھروسہ نہیں کیا جا سکتا۔

ٹاڈ نے Annals of Rajasthan اور ایلیٹ نے ہسٹری آف انڈیا کے تعارف میں صاف صاف لکھا ہے کہ ایسٹ انڈیا کمپنی ہندوؤں اور مسلمانوں کے فرق کو بار بار زور دے کر اجاگر کرتی۔ لیکن یہ ایسٹ انڈیا کمپنی کے اعلیٰ عہدوں کے افسران ہی ہوتے اور وہ بہت حقارت سے ان ہندو مورخین کی طرف دیکھتے، مسلم بادشاہوں کی تعریف کرتے۔ انہیں اس بات پر حیرت ہوتی کہ ہندو مورخ مسلم بادشاہوں کے انصاف اور غیر تعصبانہ رویے کی بار بار تعریف کیوں کرتے ہیں۔

ٹاڈ کے Annals میں ایسے بہت سے مواد ملتے ہیں جن میں عہد وسطیٰ کی تاریخ کو یہ رنگ دینے کی کوشش کی گئی جس سے ہندوؤں اور مسلمانوں میں آپس میں پھوٹ پڑ جائے۔ جہاں کسی واقعہ کے بارے میں دو طرح کا تذکرہ ملتا وہاں صرف اسی واقعہ کو ریکارڈ کیا جاتا جس سے آپسی اتحاد میں پھوٹ پڑ جائے۔ تاہم 1857ء کے واقعات یہ ثابت کرتے ہیں کہ ان کی اس زہر افشانی کا کوئی نتیجہ نہیں نکلا۔ عام زندگی میں ہندوؤں اور مسلمانوں کے درمیان وہ بھائی چارگی اور ہمدردی کا جذبہ ملتا ہے جس نے سو سالوں کے تفرقہ ڈالنے کی اس کوشش کو ناکام کر دیا۔ یہی وجہ ہے کہ 1857 کی جدوجہد نے قومی جدوجہد کا رخ اختیار کر لیا، جس میں کبھی فرقہ وارانہ علاحدگی نہیں پیدا ہوئی۔ آزادی کی اس جدوجہد میں ہندو اور مسلمان کندھے کندھا ملا کر لڑتے رہے۔ اور ان کی مشترکہ کوشش یہ تھی کہ وہ کسی صورت برٹش غلامی کا جوا اپنے کندھوں سے اتار پھینکیں۔

اتحاد کا یہ جذبہ نہ صرف ہندوستانی سپاہیوں میں، بلکہ عام شہریوں کی زندگی میں بھی ملتا ہے۔ کوئی ایک بھی واقعہ مذہب کی بنیاد پر فساد کا نہیں ملتا۔ گرچہ برٹش افسروں نے ہندوستانی فوجیوں کے آپس کے اختلافات کو اجاگر کر کے انہیں کمزور کر دینے کی برابر کوشش کی۔

ہندوستانیوں نے 1857 کی جدوجہد مشترکہ طور پر کی۔ پھر یہ کیسے ہو گیا کہ کچھ دہائیوں کے بعد ہندوستانی قومیت کی راہ میں فرقہ وارانہ اختلافات ایک روڑا بن گئے؟ یہ ہندوستانی تاریخ کا ایک المیہ ہے کہ یہ مسئلہ روز بروز اتنا گمبھیر ہوتا گیا کہ آخر کار اس سے چھٹکارا پانے کے لیے ملک کی تقسیم فرقہ وارانہ بنیاد پر کرنی پڑی۔

اس کا صرف ایک جواب دیا جا سکتا ہے کہ اس فرقہ وارانہ اختلافات کی بنیاد انگریزوں ک اس پالیسی کی وجہ سے پڑی جو 1857ء کے بعد انہوں نے وضع کی تھی، انہوں نے دیکھا تھا کہ اس عظیم جدوجہد کے دوران سبھی نے مل کر پورے اتحاد کے ساتھ جنگ کی ہے۔ انگریزوں کو احساس ہوا کہ اب اس ملک میں ان کی حکومت صرف اس اتحاد کو توڑنے سے ہی قائم رہ سکتی ہے۔ اور یہ نتیجہ لازمی طور پر ان مراسلوں سے بھی نکلتا ہے جو اس وقت انگریزوں نے بھیجے۔ یہ فوج کی تنظیم نو میں بھی ملتا ہے جو غدر کو فرو کرنے کے بعد انگریزوں نے کی۔ انہوں نے نہ صرف جنگجوؤں اور غیر جنگجو قوموں کے درمیان تقسیم کی، بلکہ فوج کو بھی اس طرح منظم کیا کہ ہندو اور مسلمان دونوں ایک دوسرے کی کاٹ میں لگے رہیں۔ ایسے اقدام کیے گئے جس سے مستقبل میں ہندو اور

مسلمان متحد نہ ہو سکیں۔ عوام کے لیے بھی ایسی پالیسی اختیار کی گئی جس سے ہندو مسلمانوں کے خلاف اور مسلمان ہندوؤں کے خلاف ہو جائیں۔ ان اختلافات کو اجاگر کرنے کا جب بھی کوئی موقع ملا، ان سے بھرپور فائدہ اٹھایا گیا۔ فوج میں اس پالیسی کو کیسے لاگو کیا گیا اس کی پوری وضاحت لارڈ برٹش کی سوانح میں مل جاتی ہے۔

دوسری اہم بات یہ ہے کہ اس جدوجہد کے دوران ہندو اور مسلمان بلا کسی شک و شبہ کے دلی یا بہادر شاہ کی طرف دیکھ رہے تھے، اور اس معاملے میں سبھی ہم خیال تھے کہ صرف بہادر شاہ کو ہی یہ حق حاصل ہے کہ وہ ہندوستان کا شہنشاہ ہو سکے۔ تاہم یہ یاد رکھنے کی بات ہے کہ جب یہ جدوجہد شروع ہوئی تو فوج میں اکثریت ہندوؤں کی تھی اور جب 10 مئی کو انھوں نے میرٹھ میں بغاوت کی تو ان کی پہلی آواز نکلی، دلی چلو، اور یہ آواز کسی بحث مباحثے کے بعد نہیں بلکہ اپنے آپ فوجیوں کے منہ سے نکلی تھی۔ جب کینٹ میں یہ بغاوت پھیلی تو وہاں بھی یہی آواز بلند ہوئی اور حد تو یہ ہے کہ اگر فوجی دلی نہ پہنچ سکے تو وہ مغل شہنشاہ کی وفاداری کا دم بھرتے رہے۔

کانپور میں بغاوت کے دوران نانا صاحب نے اہم رول ادا کیا، لیکن اس وقت بھی وہ اپنے کو پیشوا ہی کہتے رہے۔ مراٹھا اور مغلوں کے درمیان پرانی جنگ کو بالکل بھلا دیا گیا تھا، اور نانا صاحب ہمیشہ اپنے کو صوبیدار یا گورنر کہتے رہے۔ صرف شہنشاہ کے نام پر ہی سکے ڈھالے جاتے اور ہر فرمان اسی کے نام پر جاری ہوتا۔ نانا صاحب کے اس طرح کے کچھ فرمان حیدر آباد دکن کے آرکائیوز میں رکھے ہوئے ہیں۔ اور ان میں

سے ہر حکم نامہ دلی کے شہنشاہ کے نام پر ہی جاری کیا گیا۔ اور مغل دربار کی روایت کے مطابق سبھی پر تاریخ سنہ ہجری اور اس کے بعد سمت میں دی گئی ہے۔

ہمیں یہ بھی یاد رکھنا چاہیے کہ 1857 میں بہادر شاہ کی حیثیت صرف ایک کٹھ پتلی کی تھی۔ ان کی حکومت لال قلعہ کے اندر تک ہی محدود تھی، دلی شہر ان کی حکمرانی سے باہر تھا۔ وہ ایسٹ انڈیا کمپنی کے ذریعے ہر مہینہ ملنے والے ایک لاکھ روپے کے وظیفہ پر گزارہ کر رہے تھے۔ نہ صرف وہ بلکہ ان کے پیش رو بھی صرف نام کے حکمراں تھے۔ ان کے پاس نہ تو خزانہ تھا اور نہ فوج، اور نہ ہی ان کا کوئی اختیار ہوتا، ان کے حق میں صرف ایک ہی بات تھی کہ وہ اکبر اور شاہجہاں کے جانشین تھے۔

ہندوستان کے عوام اور فوجیوں نے بہادر شاہ سے جو وفاداری دکھائی وہ ان کی شخصیت کی وجہ سے نہیں بلکہ اس لیے کہ وہ عظیم مغل حکمرانوں کے جانشین تھے۔ مغل حکومت کی عظمت نے ہندوستانی عوام کے ذہنوں کو اس طرح متاثر کیا تھا کہ جب یہ سوال پیدا ہوا کہ انگریزوں سے اختیار کون حاصل کرے گا تو ہندو اور مسلمان دونوں نے مل کر مشترکہ طور پر بہادر شاہ کا نام لیا۔

اس سے ہمیں یہ بھی معلوم ہوتا ہے کہ وہ حکومت جس کی بنیاد بابر نے رکھی اور جسے اکبر نے مستحکم کیا اس کی جڑیں بہت گہرائی تک ہندوستانی دل و دماغ میں پھیل چکی تھیں۔ ہندوستانیوں نے مغل بادشاہ بطور علامت ہی استعمال کیے جانے کے لائق رہ گئے۔ وہ اس قدر کمزور تھے کہ سپاہیوں پر اور نہ اپنے امراء پر کوئی قابو رکھ سکتے

تھے۔ ان کی ان شخصی کمزوریوں کے باوجود ہندوستانیوں کو ان کا کوئی متبادل نظر نہیں آیا۔ آخر تک فوجی اور ہندوستانی دونوں بہادر شاہ کو اصل حکمراں سمجھتے رہے۔ ستمبر 1857ء میں جب انگریزوں نے دلی پر قبضہ کیا تو بخت خان نے بہادر شاہ سے درخواست کی کہ وہ شہر چھوڑ دیں اور شہر کے باہر کہیں فوجوں کو جمع کریں۔ اس نے بہادر شاہ سے کہا کہ ابھی مکمل شکست نہیں ہوئی ہے۔ روہیل کھنڈ اور اودھ اب بھی ہمارے قبضے میں ہیں۔ لیکن بہادر شاہ اس موقعے سے فائدہ اٹھانے میں ناکام رہے۔ اس کے برخلاف انگریزوں نے سازشی الٰہی بخش کو اپنے ساتھ ملا لیا تھا جس نے بہادر شاہ کو سمجھایا کہ وہ دلی میں ہی رہیں، جس کا نتیجہ یہ ہوا کہ انہیں قید کر لیا گیا اور پھر پورے ملک میں یہ شورش پھیل گئی۔

***

شہر دہلی کا ذرہ ذرہ خاک تشنہ خوں ہے ہر مسلمان کا

1857ء کی خونچکاں داستاں غالب کے مکاتیب کی روشنی میں

سرزمین ہند وپاک میں انگریزوں کی حکمرانی کا سنگ بنیاد پلاسی کے میدان میں رکھا گیا۔ بعد ازاں قریباً نوے برس میں یہ اجنبی حکومت پورے ملک پر مسلط ہو گئی اور مزید سو برس تک عنان فرمانروائی اسی کے ہاتھ میں رہی۔ اس عہد کا ایک نہایت اہم واقعہ 1857 ء کا وہ ہنگامۂ خونین تھا جسے اہل وطن ابتدا ہی سے جنگ آزادی قرار دیتے رہے۔ لیکن خود انگریزوں نے اسے ''غدر'' کا نام دیا۔ یہی نام مدت تک تاریخ کی درسی کتابوں میں استعمال ہوتا رہا۔

مرزا غالب نے اپنی فارسی اور اردو تصانیف نظم و نثر میں اس واقعے پر جو کچھ لکھا اگر اسے الگ کتاب کی شکل میں مرتب کیا جائے تو یقین ہے کہ ایک ضخیم جلد تیار ہو جائے۔ فارسی نثر کی ایک کتاب جس کا نام ''دستنبو'' ہے صرف اسی واقعہ سے متعلق ہے۔ لیکن میں آج جو نقشہ آپ کے سامنے پیش کرنا چاہتا ہوں، وہ محض مرزا کے مکاتیب سے جستہ جستہ اقتباسات لے کر تیار کیا ہے۔

تمہید کے طور پر عرض کر دینا چاہیئے کہ اس ہنگامے کا آغاز 11/ مئی 1857ء کو پیر کے دن ہوا تھا۔ چار مہینے اور چار دن انگریز شہر سے بے دخل رہے۔ 14/ ستمبر 1857ء کو وہ دوبارہ دہلی میں داخل ہوئے۔ 18/ ستمبر کو شہر مکمل طور پر ان کے قبضے میں آگیا۔ مرزا اس پوری مدت میں ایک دن کے لیے بھی باہر نہ نکلے۔ ان کا مکان بلی ماراں میں تھا جہاں شریک خانی حکیموں کے مکانات تھے۔ اس خاندان کے بعض افراد سرکار پٹیالہ میں ملازم تھے۔ جب انگریزی فوج دوبارہ دہلی میں داخل ہوئی تو اہل شہر گھر بار چھوڑ کر دہلی دروازے ترکمان دروازے اور اجمیری دروازے سے باہر نکل گئے۔ بلی ماراں کے دروازے پر والیٔ پٹیالہ نے شریف خانی خاندان کی حفاظت کے لیے اپنا پہرہ بٹھا دیا تھا۔ اس طرح مرزا کی حفاظت کا بھی بندوبست ہو گیا اور انہیں گھر بار چھوڑ کر باہر نہ نکلنا پڑا۔

مرزا کے مکاتیب میں اس واقعے کے متعلق سب سے پہلی تحریر نومبر 1857ء کی ہے جب کہ انگریز شہر پر قابض ہو چکے تھے۔ حکیم غلام نجف کو لکھتے ہیں :

''میاں حقیقت حال اس سے زیادہ نہیں کہ اب تک جیتا ہوں۔ بھاگ نہیں گیا۔ نکالا نہیں گیا۔ کسی محکمے میں اب تک بلایا نہیں گیا۔ معرض باز پرس میں نہیں آیا۔ آئندہ دیکھئے کیا ہوتا ہے۔''

پھر 9/جنوری 1857ء کو تحریر فرماتے ہیں :

''جو دم ہے غنیمت ہے۔ اس وقت تک مع عیال و اطفال جیتا ہوں۔ بعد گھڑی بھر کے کیا ہو کچھ معلوم نہیں۔ قلم ہاتھ میں لیئے بہت کچھ لکھنے کو جی چاہتا ہے۔ مگر لکھ نہیں سکتا۔ اگر مل بیٹھنا قسمت میں ہے تو کہہ لیں گے ورنہ انا للہ وانا الیہ راجعون۔''

یہ اگرچہ چند فقرے ہیں جن میں کچھ نہیں لکھا گیا۔ لیکن لفظ لفظ بتا رہا ہے کہ اس وقت حالات کتنے نازک تھے اور بے یقینی کس پیمانہ پر پہنچی ہوئی تھی۔

یہ ہنگامہ درحقیقت ایک خوفناک زلزلہ تھا جس نے سب کچھ تہہ و بالا کر ڈالا۔ جس ماحول میں مرزا نے اپنی زندگی کے ساٹھ برس گزارے تھے اس کی بساط لپیٹی جا چکی تھی اور اس کی جگہ بالکل نیا ماحول پیدا ہو گیا تھا۔ مرزا کے دل پر اس وسیع اور ہمہ گیر انقلاب کا اتنا گہرا اثر تھا کہ وہ 1857ء کے پیشتر کے دور اور بعد دور کو دو الگ الگ عالم سمجھنے لگے تھے۔ یا کہنا چاہیئے کہ ہندوؤں کے طریق تعبیر کے مطابق ان کے نزدیک ایک جنم ختم ہو گیا تھا، اور دوسرا جنم وجود میں آ گیا تھا۔ اپنے عزیز ہندو شاگرد ہر گوپال تفتہ کو تحریر فرماتے ہیں :

''صاحب۔ تم جانتے ہو کہ یہ کیا معاملہ ہے اور کیا واقعہ ہوا۔ وہ ایک جنم تھا جس میں ہم تم باہم دوست تھے، اور طرح طرح کے ہم میں تم میں معاملات مہر و محبت درپیش آئے۔ شعر کہے۔ دیوان لکھے اس زمانے میں ایک بزرگ تھے اور ہمارے تمہارے دلی دوست تھے۔ منشی نبی بخش ان کا نام اور حقیر ان کا تخلص۔ نہ وہ زمانہ رہا نہ وہ اشخاص۔ نہ وہ معاملات نہ وہ اختلاط نہ وانبساط۔ بعد چند مدت کے پھر دوسرا جنم ہم کو ملا۔ اگرچہ صورت اس جنم کی بعینہ مثل پہلے جنم کے ہے۔ یعنی ایک خط میں نے منشی صاحب کو بھیجا۔ اس کا جواب آیا۔ ایک خط تمہارا کہ تم بھی موسوم بہ منشی ہر گوپال و متخلص بہ تفتہ ہو، آیا اور میں جس شہر میں رہتا ہوں اس کا نام دلی اور اس محلے کا نام بلی ماراں کا محلہ۔ لیکن ایک دوست اس جنم کے دوستوں سے نہیں پایا جاتا۔''

میں عرض کر چکا ہوں کہ انگریزی فوج کے داخلے کے ساتھ ہی اہل شہر باہر نکل گئے تھے۔ اور پورا شہر بے چراغ ہو چکا تھا۔ انگریزوں نے اس کے بعد عام دار و گیر کا سلسلہ شروع کر دیا۔ مرزا فرماتے ہیں: ''مبالغہ نہ جاننا امیر غریب سب نکل گئے جو رہ گئے وہ نکالے گئے۔ جاگیردار پنشن دار، دولت مند، اہل حرفہ کوئی بھی نہیں۔ مفصل لکھتے ہوئے ڈر لگتا ہے۔ ملازمان قلعہ پر شدت ہے۔ بازپرس اور دارو گیر میں بمتلا ہیں۔''

''اپنے مکان میں بیٹھا ہوں۔ دروازے سے باہر نہیں نکل سکتا۔ سوار ہونا اور کہیں جانا تو بڑی بات ہے۔ رہا یہ کہ کوئی میرے پاس آوے۔ شہر میں ہے کون جو آوے؟

گھر کے گھر بے چراغ پڑے ہیں۔ مجرم سیاست پائے جاتے ہیں۔ جرنیلی بندوبست (یعنی مارشل لا) یازدہم مئی سے آج تک یعنی پنجشنبہ پنجم دسمبر 1857ء تک بدستور ہے۔ کچھ نیک و بد کا حال مجھ کو نہیں معلوم۔''

مرزا کے ایک شاگرد، منشی شیونارائن آرامؔ نے آگرے سے ایک اخبار نکالا تھا۔ مرزا سے استدعا کی کہ اس کے لیے خریدار بہم پہنچائیے۔ جواب میں فرماتے ہیں:

''یہاں آدمی کہاں ہیں کہ اخبار کے خریدار ہوں۔ مہاجن لوگ جو یہاں بستے ہیں وہ یہ ڈھونڈتے پھرتے ہیں کہ گیہوں کہاں سستے ہیں۔ بہت سخی ہو گئے تو جنس پوری دے دیں گے۔ کاغذ (یعنی اخبار) روپیہ مہینے کا کیوں مول لیں گے۔''

میر مہدی مجروح نے اسی زمانے میں ایک غزل بھیجی اس کے مقطع کا آخری مصرع یہ تھا:

''میاں یہ اہل دہلی کی زبان ہے''

اس مصرع نے مرزا کے سازِ درد کا ہر تار ہلا دیا۔ فرماتے ہیں:

''اے میر مہدی۔ تجھے شرم نہیں آتی۔ میاں یہ اہل دہلی کی زبان ہے۔''

''اے، اب اہل دہلی ہندو ہیں یا اہل حرفہ ہیں۔ خاکی ہیں یا پنجابی ہیں یا گورے ہیں ان میں سے تو کسی کی تعریف کرتا ہے۔ ۔ ۔ اے بندۂ خدا اردو بازار نہ رہا۔ اردو کہاں؟ دلی کہاں واللہ اب شہر نہیں ہے۔ کیمپ ہے۔ چھاؤنی ہے نہ قلعہ نہ شہر نہ بازار نہ نہر۔''

نواب علاؤالدین خان کو لکھتے ہیں:

''میری جان۔ یہ وہ دلی نہیں جس میں تم پیدا ہوئے۔ ۔ ۔ ایک کیمپ ہے۔ مسلمان اہل حرفہ یا حکام کے شاگرد پیشہ، باقہ سراسر ہنود۔''

جنگ آزادی میں اگرچہ ہندوؤں اور مسلمانوں نے یکساں حصہ لیا تھا لیکن انگریزوں کی نظروں میں اصل مجرم صرف مسلمان تھے۔ چنانچہ وہی زیادہ تر دارو گیر کے ہدف بنے۔ انہیں کو بالعموم پھانسیاں ملیں۔ انہیں کی جائیدادیں ضبط ہوئیں۔ شہر سے باہر نکلنے میں بھی ہندو اور مسلمان برابر تھے۔ لیکن ہندوؤں کو بہت جلد گھروں میں آباد ہونے کی اجازت مل گئی۔ مسلمان بدستور باہر پڑے رہے۔ یا جن کو کسی دوسرے شہر میں ٹھکانا نظر آیا، وہاں چلے گئے۔ مرزا لکھتے ہیں :

''واللہ ڈھونڈھے کو مسلمان اس شہر میں نہیں ملتا۔ کیا امیر، کیا غریب کیا اہل حرفہ، اگر کچھ ہیں تو باہر کے ہیں۔ ہندو البتہ کچھ کچھ آباد ہو گئے ہیں۔

ایک اور خط میں لکھتے ہیں۔

''ابھی دیکھا چاہیئے مسلمانوں کی آبادی کا حکم ہوتا ہے یا نہیں۔''

مدت تک مسلمانوں کو شہر میں آباد ہونے کا حکم نہ ملا۔ تو ان میں سے بعض نے شہر کے باہر ہی جگہ جگہ عارضی مکان بنانے شروع کر دیئے۔ اس پر حکم ہوا کہ سب مکان ڈھا دیئے جائیں اور اعلان کر دیا جائے کہ آئندہ کوئی مکان نہ بنائے۔ مرزا لکھتے ہیں :

''کل سے یہ حکم نکلا ہے کہ یہ لوگ شہر سے باہر مکان وکان کیوں بناتے ہیں۔ جو مکان بن چکے ہیں انہیں گروا دو۔ آئندہ کو ممانعت کا حکم سنا دو۔ آج تک یہ صورت ہے

دیکھیئے۔ شہر کے بسنے کی کونسی مہورت ہے۔ جو رہتے ہیں وہ بھی خارج کیئے جاتے ہیں یا جو باہر پڑے ہیں وہ شہر میں آتے ہیں۔ الملک للہ والحکم للہ۔''

قلعۂ نامبارک سے قطع نظر کر کے اہل شہر کو گنتا ہوں۔ مظفر الدولہ، میر ناصر الدین، مرزا عاشور بیگ، میرا بھانجا، اس کا بیٹا احمد مرزا، انیس بیس برس کا بچہ، مصطفیٰ خان ابن اعظم الدولہ اس کے دو بیٹے ارتضیٰ خان اور مرتضیٰ خان، قاضی فیض اللہ۔ کیا میں ان کو اپنے عزیزوں کے برابر نہیں جانتا تھا؟ اے لو بھول گیا حکیم رضی الدین خان، میر احمد حسین میکش، اللہ اللہ۔ ان کو کہاں سے لاؤں۔ غم فراق: حسین مرزا یوسف مرزا میر سرفراز حسین میرن صاحب خدا ان کو جیتا رکھے۔ کاش یہ ہوتا کہ جہاں ہوتے خوش ہوتے۔ گھر ان کے بے چراغ وہ خود آوارہ۔ سجاد اور اکبر کے حال کا جب تصور کرتا ہوں، کلیجہ ٹکڑے ٹکڑے ہوتا ہے۔ ان اموات کے غم اور زندوں کے فراق میں عالم میری نظر میں تیرہ ہوتا ہے۔ یہاں اغنیا و امرا کے اولاد و ازدواج بھیک مانگتے پھریں اور میں دیکھوں۔''

مرزا کی یہ حالت ہو گئی تھی کہ وہ واقعہ پیش آ جاتا تو ان کے دل میں جنگ آزادی کے بعد کا دورہ مصائب تازہ ہو جاتا۔ ان کے شاگرد مرزا تفتہ نے اپنی کتاب ''سنبلستان'' چھپوائی۔ اس کی لکھائی چھپائی اچھی نہ تھی۔ مرزا نے اس واقعے کو بیگمات قلعہ کی مصیبتوں اور، بدحالیوں پر آنسو بہانے کا بہانہ بنالیا۔ فرماتے ہیں:

''اجی مرزا تفتہ تم نے اپنا روپیہ بھی کھویا اور اپنی فکر کو اور میری اصلاح کو بھی ڈبویا۔ ہائے کیا بری کاپی ہے۔ اس کاپی کی مثال جب تم پہ کھلتی کہ تم یہاں ہوتے اور بیگمات قلعہ کو پھرتے چلتے دیکھتے۔ صورت ماہ دو ہفتہ کی سی اور کپڑے م یلے پائنچے لیر لیر۔ جوتی ٹوٹی۔ یہ مبالغہ نہیں۔'' اس وقت کے انگریزوں کی دماغی حالت کا اندازہ صرف اس واقعہ سے ہو سکے گا کہ انہوں نے جامع مسجد کو اپنے قبضہ میں لے لیا تھا۔ اور اس کے دروازوں پر ایک سکھ بٹالین کا پہرہ بٹھا دیا تھا۔ ایک مرتبہ یہ تجویز بھی پیش ہوئی تھی کہ اسے گرجا بنا لیا جائے۔ جنگ آزادی سے قریباً پانچ برس بعد مسجد واگزار ہوئی۔

مرزا نے ایک عجیب عبرت افزا واقعہ لکھا ہے۔ جن مسلمانوں کی جائیدادیں ضبط ہوئی تھیں ان میں ایک حافظ محمد بخش تھے جن کا عرف ''مموں'' تھا۔ بعد میں وہ بے قصور ثابت ہوئے اور جائیداد کی بحالی کا حکم مل گیا۔ انہوں نے کچہری میں درخواست دی کہ میری جائیداد پر قبضہ دلایا جائے۔ انگریز حاکم نے نام پوچھا۔ عرض کیا محمد بخش۔ چونکہ درخواست میں عرف بھی درج تھا اس لیے حاکم نے پوچھا ''مموں'' کون ہے؟ عرض کیا کہ نام میرا محمد بخش ہے۔ لوگ مجھے ''مموں، مموں'' کہہ کر پکارتے ہیں۔ صاحب نے سن کر فرمایا:

''یہ کچھ بات نہیں۔ حافظ محمد بخش بھی تم۔ حافظ مموں بھی تم۔ سارا جہاں بھی تم جو دنیا میں ہے وہ بھی تم۔ ہم مکان کس کو دیں؟ مسل داخل دفتر ہوئی۔ میاں اپنے گھر چلے آئے۔''

آخر میں جنگ کے متعلق مرزا کا ایک قطعہ لکھتا ہوں جو انھوں نے اپنے ایک دوست کو خط ہی میں لکھا تھا۔ یہ ان کے مکاتیب میں چھپ گیا اور دیوان میں شامل نہ ہو سکا:

بسکہ فعال ما یرید ہے آج
ہر سلح شور انگلستان کا
گھر سے بازار میں نکلتے ہوئے
زہرہ ہوتا ہے آب انساں کا
چوک جس کو کہیں وہ مقتل ہے
گھر نمونہ بنا ہے زنداں کا
شہر دہلی کا ذرہ ذرہ خاک
تشنہ خون ہے ہر مسلماں کا
کوئی واں سے نہ آ سکے یاں تک
آدمی واں نہ جا سکے یاں کا
میں نے مانا کہ مل گئے پھر کیا
وہی رونا تن و دل و جاں کا
گاہ جل کر کیا کیے شکوہ
سوزش داغ ہائے پنہاں کا
گاہ رو کر کہا کیے باہم

ماجرا دیدہ ہائے گریاں کا
اس طرح کے وصال سے یارب
کیا مٹے دل سے داغ ہجراں کا
***

راشد الخیری

بہادر شاہ کی لڑکی

بہادر شاہ کی ایک صاحبزادی احمدی بیگم کے شوہر مرزا منجھو جو غدر میں کام آئے بڑے دبدبے کے آدمی تھے۔ ان کی سرکار بنی ہوئی تھی۔ بیسیوں آدمی ان کے دستر خوان پر بیٹھتے تھے۔ دروازہ پر نالکی پالکی موجود تھی۔ جب مرزا مارے گئے اور شہر کی حالت بگڑی تو بڑی بیگم یعنی احمدی بیگم نے اپنا اور بہو بیٹیوں کا تمام زیور خانم کے بازار والی حویلی میں گاڑنے کا ارادہ کیا۔ دو پتیلیاں زیور سے بھری تھیں ہزاروں کا مال تھا۔ شہر کی کیفیت لحہ بہ لحہ ردی ہو رہی تھی۔ عین شب برأت کے روز یہ سب شہزادیاں نکل کھڑی ہوئیں۔

احمدی بیگم کی ضعیفی میرا بچپن تھا۔ انہوں نے سو برس کے قریب عمر پائی۔ آخری دنوں میں وہ باہر نکلنے کے قابل نہ رہیں۔ اور بہت سخت تکلیفیں اٹھا کر یہ شہزادی دنیا سے اس طرح رخصت ہوئی کہ کفن بھی وقت سے میسر نہ ہوا۔

فالج نے بالکل بے کار کر دیا تھا۔ چل پھر نہ سکیں تھیں اور کئی دموں کا گذارا اس ایک دم کی محنت پر تھا۔ میری عمر بارہ تیرہ بس کی ہوگی کہ میری والدہ مرحومہ نے احمدی بیگم کا پتہ دے کر مجھے ایک روپیہ دیا کہ دے آؤ۔ میں گیا اور مرزا شیشہ والے کے گھر پر جا کر جو بندریا والے مشہور تھے۔ اس لیے کہ ان کے ہاں بندریا پلی ہوئی تھی۔ ان کا گھر پوچھا۔ اس وقت تو خیال بھی نہ ہوا۔ مگر آج جب دھیان آتا ہے تو اس گھر اور گھر والوں کی تصویر آنکھ کے سامنے پھر جاتی ہے۔ شہزادی کے گھر میں کھانے کے واسطے مٹی کے ٹوٹے برتن تھے اور سردی کے موسم میں بادشاہ کی یہ اولاد دبکی اور سکڑی بیٹھی تھی۔

احمدی بیگم اس روپیہ کو دیکھ کر جس قدر خوش ہوئیں اور جو دعائیں ان کے دل سے نکلیں ان کا اظہار مشکل ہے۔ اس وقت ہنستا ہوا گیا اور ہنستا ہوا

آیا۔ مگر آج جب احمدی بیگم کی اس جھلنگا چارپائی کا خیال آتا ہے تو تڑپ جاتا ہوں۔

(دلی کی آخری بہار۔ علامہ راشد الخیری۔ ص ۱۱)

***

اقبال اکادمی حیدر آباد ہند کے شکریے کے ساتھ اور اجازت سے